U0896971

江西省教育科学“十四五”规划2021年度重点课题“新时代公民道德自信研究”（项目批准号：21ZD015）最终成果

# 道德自信论

韩桥生 钟美玲 著

中国社会科学出版社

**图书在版编目(CIP)数据**

道德自信论 / 韩桥生，钟美玲著. — 北京：中国社会科学出版社，2024. 5
ISBN 978 - 7 - 5227 - 3417 - 0

Ⅰ. ①道…　Ⅱ. ①韩…②钟…　Ⅲ. ①道德建设—研究—中国　Ⅳ. ①B82

中国国家版本馆 CIP 数据核字(2024)第 073761 号

出 版 人　赵剑英
责任编辑　李　立
责任校对　谢　静
责任印制　张雪娇

出　　版　中国社会科学出版社
社　　址　北京鼓楼西大街甲 158 号
邮　　编　100720
网　　址　http://www.csspw.cn
发 行 部　010 - 84083685
门 市 部　010 - 84029450
经　　销　新华书店及其他书店

印刷装订　北京君升印刷有限公司
版　　次　2024 年 5 月第 1 版
印　　次　2024 年 5 月第 1 次印刷

开　　本　710 × 1000　1/16
印　　张　12
插　　页　2
字　　数　175 千字
定　　价　78.00 元

凡购买中国社会科学出版社图书，如有质量问题请与本社营销中心联系调换
电话：010 - 84083683

# 目　录

# 第一章　道德自信概述

党的十九大报告指出“社会文明水平尚需提高”是当前工作的困难和挑战之一，强调“人民有信仰，国家有力量，民族有希望”，要求“坚定道路自信、理论自信、制度自信、文化自信”，“加强社会心理服务体系建设，培育自尊自信、理性平和、积极向上的社会心态”，“提高人民思想觉悟、道德水准、文明素养，提高全社会文明程度”。[①] 道德自信是“四个自信”在道德生活领域的体现和彰显，培育道德自信是坚定“四个自信”的基础和要求。党的二十大报告多次强调要“自信自强”[②]，公民道德自信是中华民族实现伟大复兴的心理基础，培育公民的道德自信是中华民族自信自强的基础工程。加强道德自信问题的研究有着重要的理论和实践意义。

## 一　问题的提出

中国漫长的历史岁月，孕育了丰富的道德文化。中国传统社会是典型的伦理型社会，道德在社会生活中发挥着重要作用。古人在探讨人与动物的区别时，特别强调人有德性，而动物没有。“力不若牛，走不若马，而牛马为用，何也？曰：人能群，彼不能群也。人何以能群？曰：分。分何以能行？曰：义。”（《荀子·王制》）正是基于人的德性要求，人们往往把道貌岸然而没有道德的人称为“衣冠禽兽”，把歹毒凶狠的人比喻为

---

① 习近平：《决胜全面建成小康社会 夺取新时代中国特色社会主义伟大胜利——在中国共产党第十九次全国代表大会上的报告》，《人民日报》2017 年 10 月 28 日第 1 版。

② 习近平：《高举中国特色社会主义伟大旗帜 为全面建设社会主义现代化国家而团结奋斗——在中国共产党第二十次全国代表大会上的报告》，《人民日报》2022 年 10 月 26 日第 1 版。

“毒如蛇蝎狠如狼”，把奸诈的人称为“狡猾的狐狸”，把严重缺德、践踏人类道德规范的人说成“禽兽不如”。一旦失去道德的约束，那就与动物无异。中国传统社会形成了完整的道德规范体系，从修身齐家到治国平天下都有着具体的道德要求，道德精神深入民族的骨髓。中国自古为礼仪之邦，源远流长的道德文化不仅是维系本民族生存和发展的精神动力，也是形成辐射四方、万邦来朝政治版图的价值支撑。可以说，中国传统社会有着高度的道德自信，对于本民族的道德文化充满自豪感。

中华民族的道德自信问题是在鸦片战争以后才凸现出来的。面对西方列强的入侵，中国人开始睁眼看世界，在中西的对比中，特别是经历一次又一次抗争的失败后，逐渐失去了民族自信心。梁启超将这一过程概括为：先从器物上感觉不足，再从制度上感觉不足，后从文化根本上感觉不足。[①] 基于器物层面的不自信，地主阶级开展洋务运动，以期“师夷长技以制夷”。基于制度层面的不自信，资产阶级先后发起了戊戌变法和辛亥革命，以期通过制度变革以自强。基于文化方面的不自信，先进知识分子掀起了轰轰烈烈的新文化运动，以期通过文化革新来救国。新文化运动，以“批判旧道德提倡新道德”而著称于世，整体上宣告了传统伦理文化的破产或寿终正寝。新文化运动“打倒孔家店”的口号反映了中华民族由道德自信向道德自卑的转折。

近代以来，在半殖民地半封建的中国，传统道德观念和西方道德观念同时“在场”。然而，传统社会以“仁、义、礼、智、信”为核心内容的道德价值追求逐渐解构了，西方资本主义“自由、平等、博爱”为核心内容的价值观念在中国并没有成为主导。在当时的条件下，这两种道德文化都无法解决中国人道德生活上的困境。相反，传统道德观念和西方道德观念的冲突，加剧了人们对中华民族自身道德文化的怀疑和否定，让人们在道德选择时产生了冲突和痛苦。道德生活上的困境进而让人们质疑本民族道德文化，人们在道德心理上开始变得不自信，否定自己、贬低自己成为当时很多国人的心态。

---

① 参见《梁启超全集》第 7 册，北京出版社 1999 年版，第 4030—4031 页。

然而，流淌于中华民族身上几千年的坚韧不拔、自强不息的基因又开始促使有识之士艰难探索，努力改变道德文化上的被动状态。先进的中国人意识到“东洋文明衰颓于静止之中，而西洋文明又疲命于物质之下，为救世界之危机非有第三新文明之崛起不足以渡此危崖”①。马克思主义及其伦理思想在中国的传播，与中国自近代以来形成的时代主题、革命任务、阶级基础和文化要求等因素有着最为密切的关系。早在五四新文化运动时期，当时先进的知识分子就已经意识到重塑道德自信的重要性，陈独秀指出：“伦理思想，影响于政治，各国皆然，吾华尤甚继今以往，国人所怀疑莫决者当为伦理问题。此而不能觉悟，则前之所谓觉悟者，非彻底之觉悟，盖犹在惝恍迷离之境。吾敢断言曰：伦理的觉悟，为吾人最后觉悟之最后觉悟。”② 1917 年，毛泽东在致黎锦熙的信中也指出：“欲动天下者，当动天下之心，而不徒在显见之迹。动其心者，当具有大本大源。……当今之世，宜有大气量人，从哲学、伦理学入手，改造哲学，改造伦理学，根本上变换全国之思想。如此大纛一张，万夫走集；雷电一震，阴噎皆开，则沛乎不可御矣！”③ 中国共产党诞生后，在共产主义道德的感召下，共产党人抛头颅、洒热血，领导全国人民取得了革命的胜利，道德心态上的被动和自卑得到根本性扭转。1949 年，毛泽东说：“和中国旧的封建主义文化相比较可以被艾奇逊们傲视为‘高度文化’的那种西方资产阶级的文化，一遇见中国人民学会了的马克思列宁主义的新文化，即科学的宇宙观和社会革命论，就要打败仗。”④在共产主义道德的指引下，中国人民重新站起来了，中国人民重拾了自信心。

在《论鲁迅》的演讲中，毛泽东特别谈到了中国革命对于革命先进分子的期望，指出需要大批的革命先进分子来开辟前进的道路。“这种先锋分子是胸怀坦白的，忠诚的，积极的与正直的；他们是不谋私利的，唯一地为着民族与社会的解放；他们不怕困难，在困难面前总是坚定的，勇往

① 《李大钊文集》（上），人民出版社 1984 年版，第 560—561 页。
② 陈独秀：《吾人最后之觉悟》，《青年杂志》第一卷第六号。
③ 《毛泽东早期文稿》，湖南人民出版社 2008 年版，第 72—73 页。
④ 《毛泽东选集》第四卷，人民出版社 1991 年版，第 1514—1515 页。

直前；他们不是狂妄主义分子，不是风头主义者，而是脚踏实地富于实际精神的人们。他们在革命的道路上起着向导的作用。”① 共产党人的品质包括大公无私、艰苦奋斗、谦虚谨慎、团结友善、勤俭节约，等等，而这是革命胜利的必要保证。在革命战争年代，当时所倡导的共产主义道德具有鲜明的“革命性”特征。这种“革命性”的特征体现于道德生活的方方面面，例如，在对待利益问题时，强调共产党人应做到大公无私；面对凶残的、强大的敌人时，倡导英勇无畏的牺牲精神；在残酷的革命斗争环境中，提倡革命乐观主义。以革命道德为核心内容的共产主义道德在革命年代具有其科学性、先进性和实践性的优秀品质，为当时社会道德建设指引了方向，激励着共产党人和人民大众投身革命事业。革命取得成功后，在社会主义改造和建设时期，以革命道德为核心内容的共产主义道德继续引领着社会道德向前发展。

改革开放后，中国社会步入了新的历史阶段，由计划经济转向社会主义市场经济，社会结构发生了较大的变化。在革命战争中形成的道德话语体系因其浓厚的“革命”色彩，尽管在道德建设领域仍然发挥着主导作用，但其对社会道德生活调控的有效性逐渐松动。改革开放过程中，由于市场机制的不健全以及工作重心的转移，市场的逐利性淡化了人们的理想信念和崇高的价值追求，特别是在中西方交流和对比中，一些人崇洋媚外，夸大了西方资本主义国家道德发展水平，矮化了国内道德建设的成就，在道德上又逐渐不自信了，甚至出现了“逆向种族主义”思潮，认为中国人在道德上是“丑陋”的，中华文化是“酱缸文化”。近年来，中国社会已经出现一定程度的信仰失落、价值危机、诚信缺失、生活空虚等问题，这些问题必须引起国人的深刻反思。

道德自信作为文化自信的重要构成，具有强大的辐射效应。从正面来看，有道德自信将促使人们自尊、自爱、自强；从反面来看，无道德自信将导致人们在社会生活的方方面面失去自信心。道德判断是一种价值判断，道德上的自卑本质上是对自身价值的否定，是对自身人格的矮化。改

---

① 《毛泽东文集》第二卷，人民出版社1993年版，第42页。

革开放以来，面对西方“普世价值”的强势和技术的优势，一些中国人在道德上开始变得不自信，心态上崇洋媚外，“全盘西化”的主张又开始发酵。中国特色社会主义进入新时代后，中国人高度重视加强国人的心理建设，努力做到自信自强。经过几代人不懈的努力和付出，中国人民“站”起来了，也“富”起来了，新时代的目标就是要“强”起来，而国人道德心理上的自信自强是中华民族全面“强”起来的基础。中国人在海外展现的强大购买力并没有为自己赢得应有的尊重，国人对自我的否定和矮化严重影响了中华民族在国际交往中的话语权。强大的基础是自信，只有我们内心真正自信了，才能真正地挺起胸膛、昂首阔步地走向未来。中国特色社会主义进入新时代后，在道德心理上做到自信自强是中国人应该重视的问题，也是无法回避的问题。

问题是时代进步的动力，解决道德不自信问题是我们当代人的责任。中华民族是一个伟大的民族，虽历经磨难却依然活力四射；中华文化是底蕴深厚的文化，其伦理精神博大有为。在中国特色社会主义新时代，中国人在道德生活上有理由自信，因为重伦理、讲德性是中华文化的优良传统。正如习近平总书记所言：“站立在九百六十万平方公里的广袤土地上，吸吮着中华民族漫长奋斗积累的文化养分，拥有十三亿中国人民聚合的磅礴之力，我们走自己的路，具有无比广阔的舞台，具有无比深厚的历史底蕴，具有无比强大的前进定力，中国人民应该有这个信心，每一个中国人都应该有这个信心。”①

## 二 道德自信的概念和特征

自信，就是指自己相信自己。从心理学角度看，自信一种信念，就是相信自己有能力能够解决问题、完成任务和达到目标，进而对自己的个性心理与社会角色产生的一种积极评价。自信是个人心理健康的展现，自信有助于释放个人的潜能，是个人成功的先决条件。从古至今，人们皆强调

① 中共中央文献研究室编：《十八大以来重要文献选编》（上），中央文献出版社 2014 年版，第 699 页。

自信的重要性。《墨子·亲士》："虽杂庸民，终无怨心，彼有自信者也。"晋陆机《君子行》："近情苦自信，君子防未然。"宋曾巩《〈战国策〉目录序》："其说既美矣。卒以谓'此书战国之谋士，度时君之所能行，不得不然'。则可谓惑于流俗，而不笃于自信者也。"清龚自珍《己亥杂诗》之二十九："勇於自信故英绝，胜彼优孟俯仰为。"毛泽东在湖南第一师范学校读书时，作诗："自信人生二百年，会当水击三千里。"

何谓道德自信？简单说来就是指自己对自己道德方面的一种积极评价。道德自信是人在道德活动领域的自信，人的活动领域非常广泛，在各个领域都涉及是否有自信的问题。因为人的道德活动非常复杂，从时间维度来看，道德活动涉及道德历史、道德现状和道德未来；从地域维度来看，不同国家和地区、不同民族的道德自信程度不同；从内容维度来看，涉及对道德发展目标、道德核心、道德原则、道德规范、道德建设方法等的内容的自信。

由于道德生活的复杂性，目前学界对道德自信概念的界定角度不同，对于道德自信内涵的概括侧重点也各异。有学者认为，"道德自信源于对中华文化的自信，表现为在内涵上，相信并坚守着自己道德文化的优势和优越；在外延上，相信并扩大自己道德文化的实力和魅力"①。有学者认为，"道德自信体现为对一定道德的科学性和真理性的坚定信念，以及对该道德在实践中的生命力的坚定信心"②。有学者认为，"道德自信是相对于道德自卑而言的，是指对长期历史积淀深深扎根于民族灵魂的对自身道德的充分肯定和自豪，对道德未来发展的坚定信心和极大勇气"③。有学者认为，"所谓道德自信，是指一定的道德主体对自身所处的社会、时代的道德体系（包括道德价值、道德原则、道德规范及道德要求等）的充分肯定与信心"④。有学者认为，"公民道德自信就是指公民对道德理论的认可，

---

① 戴茂堂：《道德自觉·道德自信·道德自强》，《道德与文明》2011 年第 4 期。

② 谭德礼：《道德自觉自信与公民幸福感的提升》，《道德与文明》2013 年第 3 期。

③ 陈双珠：《道德自觉自信及其路径选择》，《沈阳工程学院学报》（社会科学版）2013 年第 4 期。

④ 曾广乐：《试论道德变迁视域中的道德自信与道德信仰》，《福建农林大学学报》（哲学社会科学版）2014 年第 3 期。

对道德现状的肯定，以及对道德水平提升的信心”①。有学者认为，道德自信是人们在其行为中表现的一种价值肯定、价值决断并准备身体力行的行为状态，是信仰层面的坚定、判断层面的坚持、行为层面的坚守。② 有学者认为，道德自信是指主体关于道德方面的自我积极评价，是其发自内心的对于道德的自我肯定与相信。③

从学界对于道德自信内涵的界定，我们可以发现，道德自信涉及三个基本要素，即道德自信的主体、道德自信的客体和道德自信的内容。道德自信的主体，即谁自信的问题，道德自信的主体当然是人，问题的关键在于多大范围的人。我们认为确定道德自信的主体范围应考虑两个方面：一个是主体的道德能力，主要包括道德判断能力、道德选择能力和道德责任能力，只有具备一定的道德能力的人才能成为道德自信的主体；另一个是道德共同体的范围，是否有道德自信是基于有着共同道德情感的道德共同体而言的，占主导地位的道德体系所影响的范围是有限的。在现代社会，国家是道德共同体存在的基本形式。道德自信的主体范围受国家疆域的限制。对于当代中国而言，道德自信的主体指我国有一定道德能力的公民。

道德自信的客体，即对何种道德的自信。道德作为上层建筑的重要构成，向来是受制于经济基础的。道德是随着经济基础的进步而不断发展的，原始社会、奴隶社会、封建社会、资本主义社会和社会主义社会都基于自身的生产方式和经济基础形成了各自的道德原则和道德规范体系。由于意识形态的相对独立性，一个国家在同一个历史时期往往会存在着同时发挥作用的多种道德规范体系，而且这些道德规范相互影响、相互作用，甚至相互冲突。但这些道德规范体系对整个社会的影响力不同，其中一种道德规范体系会占据主导地位，其他的道德规范体系处于支配地位。对于何种道德有自信，一般是基于一个国家的历史发展，对当前社会起主导作用的道德规范体系产生自信。

① 徐稚芬：《试论我国公民道德自觉与道德自信的培养》，《湖北社会科学》2014 年第 3 期。

② 参见任建东等《道德自信及其三重阻碍》，《伦理学研究》2017 年第 5 期。

③ 参见龚天平等《论道德自信及其自我培育》，《湖南师范大学教育科学学报》2017 年第 5 期。

道德自信的内容，即道德自信的具体内容，是自信什么的问题。道德自信蕴含着一种优势认定，即对自己道德的优势有正确的认识，并对自己的道德优势有正确的估计和积极的肯定。而且，这种优势认定是基于现实、面向未来的，从横向来看，是对不同国家和地区道德水平比较后得出的结论；从纵向来看，是相信未来会更好，体现了对道德未来的信心。道德自信反映了道德主体关于道德方面的自我积极评价，是道德主体发自内心的对于道德的自我肯定与相信。"道德自信是道德主体对本国道德文化的认同、道德现状的肯定和道德未来发展的信心。"[①] 道德自信是一种相对稳定的心理特质，体现为信仰层面的坚定、判断层面的坚持、行为层面的坚守。

综上所述，道德自信是指道德主体对本国道德文化的认同、道德现状的肯定和道德未来发展的信心。在当代中国，道德自信的主体具有广泛性，其主体是整个中华民族，道德自信是中华民族全体成员的自信。道德自信的客体具有时代性，一个民族的道德体系不是一成不变的，会随着时代的发展而变化。在当今时代，中国特色社会主义道德体系比其他道德体系更具先进性和优越性，道德自信就是对中国特色社会主义道德的信心。道德自信的内容具有综合性，在道德认知方面，表现为能理性、乐观地判断、分析、认识各种道德现象；在道德情感方面，表现为对本民族价值取向的坚定信仰、道德现状的充分肯定、道德发展的饱满信心；在道德行为方面，表现为能积极履行道德义务，完善道德人格。道德自信具有以下特征。

一是民族性。道德在发展过程中本身具有民族性，各个民族的道德都会打上本民族的烙印。道德自信是一个民族和国家的成员对本民族、本国主流价值观的充分肯定，对本民族、本国道德体系的坚守，对本民族、本国道德生命力的信心。国家是否强大、民族是否有尊严，与公民的自信心有着直接的联系。由于各个民族生存境遇的不同，道德自信往往会打上民族历史的烙印。道德的发展本身具有继承性，不同性质的道德体系也是有

---

① 赵露：《新时代公民道德自信培育研究》，硕士学位论文，江西师范大学，2019 年，第 8 页。

联系的。各个民族在发展的过程中，道德也在发展变化。不同的民族，道德建设面临的问题不同，在有无道德自信的问题上也各异。看待道德自信问题，无法离开国家和民族的发展视角。

二是时代性。道德自信问题的产生有其独特的时代背景，那就是世界进入工业时代后，形成了“世界性”的历史，世界各国相互联系，也相互竞争，甚至发生武装冲突。原先各个国家、各个民族相对封闭的道德文化，都面临着其他国家和民族道德文化的渗透和影响，特别是先完成工业化的发达国家，凭借其经济和军事上的强大力量，容易在道德文化的交流上占据优势，在文化上逼迫经济落后国家放弃其自主性，进而使其产生道德自卑。回顾各国发展的历史，我们可以发现，道德文化的冲突自古有之，但落后国家的道德体系从来没有像近代以来那样受到如此大面积的冲击甚至摧毁。就中国而言，在传统社会道德文化的优越性可以说是深入骨髓，只是到了近代以后，随着资本主义的入侵，才逐渐丧失了道德自信。

三是对比性。有无道德自信是对比衡量的结果，没有对比就不存在自信与不自信的问题。道德自信的对比包括两个方面：一个方面是自己与自己的对比，主要是从纵向的历史发展的视角来看，充分肯定本民族的道德文化的生命力，珍视本民族道德的发展历史，对本民族道德发展的现状感到满意，对本民族道德的将来发展充满信心；另一个方面是自己与别人的对比，主要是从横向的各国道德文化交流的视角来看，充分肯定本国道德文化的优势，在与别国进行道德文化交流或者看待道德问题时，不会感到自卑，强调本国、本民族的道德文化应在世界发展中占有一席之地，对于发展、展示和传播本国、本民族的道德文化有着一种自发的责任感和使命感。

四是实践性。道德是道德意识和道德行为的统一，道德不仅是意识的养成，更是一种行为实践，可以说是实践理性的标示。人们在道德上有无自信是社会生活实践的结果，丧失道德自信是社会生活实践的结果，形成道德自信也是社会生活实践的结果。在现实生活中，一种道德体系能否发挥其应有的功能和作用，能否建构起人们满意的生活空间，决定了该道德体系的地位，直接影响着人们对于该道德体系的信任和认可程度。人们一旦形成道德自信后，在实践中会倍加珍视和维护该道德体系，以该道德体系的规范性要求指导自己的行为实践，并将道德要求内化于心、外化于行。

五是包容性。道德自信问题产生于各种道德文化相互交流和碰撞的时代，有无道德自信会影响人们对于本国道德传统的认可程度，也会影响对于其他国家和民族道德文化的接纳态度。没有道德自信，将导致人们缺乏包容性，在对待本国道德传统和别国道德文化时都容易走极端。对待本国道德传统的全盘肯定和全盘否定的两种主张，其实都是没有道德自信的表现，对待他国道德文化的盲目接纳或盲目排斥也是道德不自信的反映。如果有道德自信，人们就能够以平静的心态、从客观的角度，理性地看待各国道德文化的优劣，不会轻易否定本国道德传统，也不会随意贬低他国道德追求。有自信者，有自己的坚持，也能够虚心接受他人的有益建议，对自身的发展定位有着清晰的判断，不会因为他人的恶意贬低而自卑，也不因他人有意的吹捧而自傲。道德自信使人敞开心胸，包容自己，也包容他人，有着不可抗拒的道德魅力。

## 三　国内外研究现状

由于发展水平的不同和道德环境的差异，各国对道德自信问题研究的背景不同，出发点和侧重点也不同。

### （一）国外研究现状

道德自信作为一种自我道德意识，古希腊哲人就已开始意识到物质现象与意识现象的差异，对自我意识有了最初的描述。中世纪一切都在神权的统治和控制之下，西方对道德自我的探索步伐减慢。在笛卡尔之前，西方哲学对个体自我道德意识的探索仍处萌芽状态。笛卡尔创立了理性主义哲学，第一次确证了道德自我的实在性，提出“我思故我在”，可谓是对道德自信的初级论证。“康德以自由为核心的道德世界观作为形而上学的新的奠基；黑格尔基于意识与客观精神的逻辑进展，提出伦理、法权、道德的客观精神分型以及相应的自我形态，着力确证道德自我与道德世界观。”[①] 西方伦理学研究者认为，“真正的伦理精神自信总是有一种对民族传统和文化的认同，有一种置身于伟大民族传统和文化中的自尊心和自信心。费希特《对德意志人民的讲演》以及《论学者的使命》等演讲透露出强烈的民族自尊心和自信心，并认为只有这种民族自信心才能推动德国社会不断进步、文化不断繁荣”[②]。马克斯·韦伯强调，伦理精神自信意味着敢于担当和敢于负责，真正的伦理精神自信是同使命感紧密联系在一起的。

20世纪以来，西方一些学者关注到了西方道德发展的困境。美国阿瑟·赫尔曼的《文明衰落论——西方文化悲观主义的形成》和德国斯宾格勒的《西方的没落》等著作对西方现代化背景下的精神危机发出了警示，但这类观点并未能成为西方社会的主流认识。通过资本主义制度的内在调适，西方发达国家仍然处于强势地位，与其他国家和民族相比，在道德心理上仍然维持着基本的自信。在西方伦理学界，对于道德自信问题的关注，主要体现为如何在现代性道德危机的背景下重新确立人们对于道德信仰的崇敬和道德普遍性的信心。在现代社会中，“工具理性维度及其作为具体形态的系统、科学技术和市场难以抑制的扩张，使理性化社会日益呈现出一种极端化趋势”[③]。麦金太尔的《德性之后》、福山的《大分裂：人类本性与社会秩序的重建》详尽地阐述了工业革命给人类社会带来物质生活进步的同时，也造成了人类道德的巨大退步，而新科技革命及随之而来的后工业社会和信息化时代更加剧了“物质进步”与“道德沉沦”的“大分裂”，使得人类的道德生活和道德哲学处于深刻的社会危机之中。关于如何重新确立人们对于道德信仰的崇敬和道德普遍性的信心，普遍理性主义、德性论和后现代主义是西方社会三种影响较大的理论流派。

“普遍理性主义在当代的代表人物主要是罗尔斯和哈贝马斯。他们都站在现代性的立场上，充分注意到了现代社会利益主体的分化、价值观念

---

① 杨伟涛：《道德自我的确证及其价值意蕴》，《浙江社会科学》2011年第5期。

② 王泽应：《伦理精神自信是文化自信的核心和根本》，《道德与文明》2011年第5期。

③ 张祖华：《现代性困境与后现代道德重构》，《中央社会主义学院学报》2012年第5期。

的多元这一长期存在的事实，企图在持有不同价值取向的主体之间寻求一种在公共理性基础上的道德价值共识，以反对道德上的相对主义和虚无主义。”① 罗尔斯通过“无知之幕”的假设，提出了“公平的正义”理论，试图通过形成重叠共识的路径来回应道德危机。面对资本主义发展的现实困境和理论难题，哈贝马斯将交往行为理论运用到道德领域，创立了话语伦理学，主张在交往理性的基础上形成共识，以重树人们的道德自信。

德性论在西方思想界主要体现在共同体主义思潮中，以麦金太尔为代表。麦金太尔指出：“当代人类的道德实践所处的危机体现在三个方面：(1) 社会生活中道德判断的运用是纯主观和情感性的；(2) 个人的道德立场、道德原则和道德价值的选择，是一种没有客观依据的主观选择；(3) 从传统的意义上看，德性已经发生了质的改变，并从以往在社会生活中所占据的中心位置退居到生活的边缘。由此，麦金太尔认为，当代道德危机从根本上说是道德权威性的危机，这种危机的表现是人们的道德判断陷入没有公准、没有客观尺度的道德相对主义。”② 对于如何让人们重拾道德上的信心，麦金太尔认为康德式的普遍理性主义不是出路，尼采式的感觉主义和非理性主义也不是出路，而是主张回归亚里士多德的德性论传统，以德性拯救现代性的道德危机。

后现代主义主张道德相对主义，注重差异，而不是相似之处，对于道德普遍主义可能引发的道德危机进行了较深刻的论述。齐格蒙特·鲍曼在其《后现代伦理学》中，从理性主义与普遍主义入手对现代伦理学的根基进行了颠覆性剖析，对现代伦理危机做了详细论述。后现代主义道德观从以往的理性绝对论、一元论、独断论、终极论转向感性相对论、自由交往论和道德知识论，修正“邪恶”概念，瓦解至善目的，消灭自我膨胀，融合两面人格，接受否定，关注生命，解构“伟大”和“楷模”，将价值重心转到知识和智慧，将自由平等、真理正义、自尊自爱、自主自强、适应力和创造性看作道德判断的持久性准则。后现代主义道德观在一定意

---

① 韩桥生：《道德价值共识：防范和治理道德风险的内在要求》，《理论导刊》2017 年第 7 期。

② 阎孟伟：《道德危机及其社会根源》，《道德与文明》2006 第 2 期。

义是对普遍主义的修正，而并非取代。后现代主义道德观让人们认识到了道德普遍主义在理论上的悖论和实践上的困境，提醒人们关注相对性和不确定性，增加包容性，从而让自由、平等、人道等现代性的价值立场具有更大的适用空间。

近代以来，西方国家虽然自身问题不断，但在道德舆论上一直主导着世界道德评价的话语权，有着一种道德的自信甚至优越感。近年来，随着生态危机、恐怖主义威胁、大规模杀伤性武器威胁、民粹主义和反全球化浪潮的兴起，特别是金融危机爆发后随着经济增长的放缓甚至衰退，西方的"普世价值"在道德理论和实践上均已困难重重，西方学界开始反思自身的道德问题，试图长期掌控道德的"高地"。

国外关于道德自信的研究成果对于深化道德自信问题的研究具有重要的借鉴意义，特别是对于当代中国特定的历史背景下如何重树道德自信很有启发，但也存在一些问题：一是研究的标本主要是西方发达资本主义国家，立论的依据是发达国家的生产力，其理论属性有着较明显的为资本主义辩护的倾向，目的在于维护西方的道德话语权，缺乏人类命运共同体的自觉意识，无法真正平等地、理性地看待其他国家特别是发展中国家的道德觉醒；二是研究的理论基础是唯心主义历史观，不是用历史的、发展的、整体的眼光来看待道德自信问题，忽视了道德自信背后的物质因素和生产力发展的背景；三是西方学者对于道德自信问题研究主要是采用抽象的哲学思辨和人性假设方法，且各派学者均有将自身观点绝对化的倾向，其目前也还没有找到克服危机的共识路径。

### （二）国内研究现状

中国传统社会是伦理社会，近代以前，中国曾经有过傲视群雄的道德优越感，在遭受外来重创之后既有亡国灭种的民族危机感，更有开眼看世界后顿感差距的时代焦虑感，这使得中国人逐渐失去了道德自信。如何应对近代以来民族危亡背景下的道德自卑和危机，理论界主要有新儒家、自由派和综合派三种理论立场。

以牟宗三等人为代表的新儒家针对现代化语境下的道德困境，从知识、智慧和情感的角度去诠释“仁”，主张通过“良知自我坎陷”，由“德性主体”转出“知性主体”和“政治主体”，从道德开出科学与民主，强调中国传统文化不仅可以现代化，而且可以世界化。自由派认为要对中国传统道德的落后性进行全面批判，只有大胆引入西方先进的道德理论，才能拯救中国的道德危机。综合派提出了“综合创造”的主张，认为无论“中体西用”还是“西体中用”，也无论“国粹主义”还是“全盘西化”，都走不通。综合派强调，一方面要舍弃中西对立、体用二元的思维模式，另一方面要排除盲目的华夏中心论与欧洲中心论的干扰，既要继承优秀的传统道德，又要吸收西方先进道德，并在二者的基础上进行“综合创造”。

改革开放后，中国人的物质生活富裕了，精神生活却空虚了，有人用西方社会作比较，质疑中华传统美德和革命道德，渲染中国人的“丑陋”和民族的“劣根性”。在此背景下，众多学者对道德自信问题进行了探讨，围绕着转型时期道德的“重建”“重振”“重构”展开论争。“重建论”认为，由于经济体制的本质不同，“新的道德价值系统既不是对旧的道德价值系统的全盘继承，也不只是对其进行修修补补”①，而应建立一套完全不同的、崭新的道德价值规范和秩序。“重振论”认为，“改革和社会转型不是社会主义本质的改变，只是计划经济向市场经济过渡。因此，以往与社会主义一致的道德价值系统仍然有效，仍然适合我们的客观现实，我们只有重振原来的道德价值系统，才能发展和加强社会的道德建设”②。“重构论”认为，“我们要建立的是社会主义的市场经济，这种经济体制一方面具有社会主义的本质特征，另一方面也具有市场经济的内在规律”③。因此，“重构社会主义市场经济条件下的道德价值系统需要参考两个极其重要的坐标，一是由市场经济的基本规律所衍生和必然要求的道德价值原则和规范，二是由社会主义的生产关系所衍生和必然要求的道德价值原则和

① 李彬：《社会转型期道德困境的理论表现及其启示意义》，《伦理学研究》2011年第3期。
② 李彬：《社会转型期道德困境的理论表现及其启示意义》，《伦理学研究》2011年第3期。
③ 李彬：《社会转型期道德困境的理论表现及其启示意义》，《伦理学研究》2011年第3期。

规范，这二者的结合就构成社会主义市场经济条件下的道德价值坐标系统”①。

近年来，在文化自觉和文化强国的背景下，特别是习近平总书记强调“文化自信，是更基础、更广泛、更深厚的自信”后，学界开始重视道德自信的研究，并取得了较丰硕的成果。

关于道德自信的现状，一方面，学界较深入地分析了当前中国社会的道德自卑现象。学者概括当前中国社会缺乏道德自信的表现主要有二：一是否定民族传统道德，大搞历史虚无主义；二是丑化道德楷模，质疑好人好事。② 有学者提出，在道德教育领域的文化自卑心理主要表现为：“一边全面否定中华民族的传统文化和价值观，贬斥中华民族的文化传统和价值观是多么的落后腐朽和不合时宜，一边迎合西方的文化传统和价值观，向人们鼓吹西方的文化传统和价值观是如何的先进高明和切合时代。”③ 另一方面，随着中国经济的崛起和国际地位的提高，许多中国人在心理上越来越自信了。在抗击新冠疫情过程中，中国人民团结一心、互帮互助、奉献付出，展现出了高度的道德自觉，在中西方抗疫的对比中提升了道德自信。学界高度肯定中国举办大型活动和应对重大灾难时表现出来的积极向上的道德风貌。

关于道德不自信的原因，学者较多地是从历史的角度分析，认为中华民族道德不自信甚至自卑主要源于1840年以来社会转型带来的负面影响。“西方中心主义”的影响，导致了中国民族文化的失守。改革开放后，追求国强民富，一定程度上忽视精神发展，又导致文化信仰的失落。特别是社会转型时期，往往是新旧交替的价值重建时期，部分人一方面是对于自己传统文化精华的囫囵丢弃，另一方面是对于西方价值观的盲目追捧，在原有的价值观已经坍塌的情况下，新的价值观尚未完全建立，造成的结果就是今天国民普遍文化心态摇曳不定、文化信仰缺失以及民族文化失守。④

---

① 李彬：《社会转型期道德困境的理论表现及其启示意义》，《伦理学研究》2011年第3期。

② 参见陈鲁民《别忘了“道德自信”》，《青海日报》2016年7月22日第9版。

③ 孙春晨：《全球化时代的道德教育与文化自信》，《唐都学刊》2016年第1期。

④ 参见徐瑞仙《从自卑到自信：中华民族文化复兴的历程与进路》，《甘肃社会科学》2016年第2期。

有学者强调，“我国社会目前所面临的‘道德危机’实质上是‘道德信念危机’，危机的社会根源之一是经济和政治系统之间形成的货币与权力的畸形交易对生活世界的侵犯”①。学者们也认为，20 世纪 80 年代以来逐渐形成的“逆向种族主义”思潮（认为中国人是“丑陋”的，中华文化是“酱缸文化”）也是导致当前中国社会道德不自信的重要原因。

关于增强道德自信的路径，学者们强调道德自觉是道德自信的前提，增强道德自信必须先强化道德自觉。“道德自觉是道德自信的前提和基础，没有道德自觉，道德自信就无从谈起，没有道德自觉的道德自信是盲目的、虚无的。”② 有学者提出，培育道德自信，需要克服道德教育领域的文化自卑。③ 有学者从提升公民幸福感的角度出发，认为增强公民幸福感会强化公民的道德自信。④ 有学者从学生道德教育的视角论述，认为学校德育应当做好学生道德文化自信与自觉的培养工作。⑤ 有学者提出要重视榜样作用，用“最美精神”提升道德自信。⑥ 有学者强调，提高道德自信要扫除心理、认识、制度性三重阻碍。⑦ 有学者重视通过自我道德教育树立道德自信。⑧ 有学者提出，新时代增强道德自信，推动道德进步，要通过弘扬社会主义核心价值观凝聚价值共识、树立社会道德榜样引领社会风尚、批判抵制错误道德观念扶持社会正气、加强个体道德修养培育道德自律等方面的工作逐步推进。⑨ 新儒家主张通过复兴中华传统美德重树道德自信。面对新文化运动以来全盘西化的思潮在中国影响力的扩大，新儒家坚信中华传统美德在当代中国依然能够为中国人提供心灵观照，并成为中

---

① 阎孟伟：《“道德危机”及其社会根源》，《道德与文明》2006 年第 2 期。

② 曾广乐：《试论道德变迁视域中的道德自信与道德信仰》，《福建农林大学学报》（哲学社会科学版）2014 年第 3 期。

③ 参见王泽应《伦理精神自信是文化自信的核心和根本》，《道德与文明》2011 年第 5 期。

④ 参见谭德礼《道德自觉自信与公民幸福感的提升》，《道德与文明》2013 年第 3 期。

⑤ 参见冯铁山《重视培养学生道德文化自信与自觉》，《教育研究》2014 年第 5 期。

⑥ 参见刘笑菊《化解道德焦虑：“最美精神”的道德效应》，《喀什师范学院学报》2014 年第5 期。

⑦ 参见任建东等《道德自信及其三重阻碍》，《伦理学研究》2017 年第 5 期。

⑧ 参见龚天平等《论道德自信及其自我培育》，《湖南师范大学教育科学学报》2017 年第 5 期。

⑨ 参见沈永福《增强新时代道德自信的路径探析》，《思想理论教育导刊》2017 年第 12 期。

国人的精神支柱。

从整体上看，国内对于道德自信的研究已经有了一些基础性成果，但不够深入和全面。在中华民族伟大复兴的征程中，坚持自信自强才能理性地看待本国道德文化和道德现状，才能以平常心与其他国家开展道德文化交流。在伦理学的视域中，道德自信依然是值得深入研究的重大理论问题。道德自信的现状、产生原因、生成机制、演化规律和培育路径等重要理论和实践问题都需要进一步探讨。

## 四　道德自信的根本

所谓道德自信的根本就是道德自信之所以能够形成的根本所在。一个国家、一个民族的道德何以自信？道德自信的根本依凭是什么？弄清楚道德自信的根本是培育道德自信的前提和基础，也是把握道德自信问题的关键。

在日常生活和工作中，人的自信心不是凭空形成的，自信不是建立在想象的基础上，而是通过不断的实践并取得成功而产生的。能够解决问题并达成自己的目标是人们建立自信的根本所在。同理，道德自信也是如此，人们之所以对本民族道德有信心，是因为本民族道德能够解决现实生活中的道德问题、形成良好的道德秩序并逐渐实现社会的道德理想。能够解决现实生活中的矛盾，这是道德的生命力所在，也是道德自信的根本所在。

世界是矛盾的，矛盾无时不在，无处不在，社会是在解决矛盾的过程中不断发展和进步的。任何道德体系都是建立在一定的经济基础之上的，反映着社会和人类发展的要求，道德对于社会矛盾的解决具有不可忽视的作用。道德是一种社会意识，是一种特殊的规范调节方式，但从深层次来看，道德在本质上是一种实践精神。道德从其产生以后，就发挥着指导人们实践的作用，是人的活动的精神指引和价值导向。道德通过发挥其规范作用，人们的实践变得有价值和有意义，在促进社会矛盾解决的同时，满足了人的精神需要，为人们的生存和发展提供了意义旨趣。

道德自信的根本就在于道德体系核心价值追求的先进性。一个社会占统治地位的道德体系的核心价值追求就是这个社会的核心价值观。也就是说，道德自信的根本是对这个社会的核心价值观自信。核心价值观在一个社会的价值观体系中，处于主导地位且代表着价值体系的基本特征，体现着社会的基本价值导向的基本价值观念。“核心价值观，其实就是一种德，既是个人的德，也是一种大德，就是国家的德、社会的德。”① 价值观是人们在应对社会问题时持有的立场和态度，是解决社会矛盾过程中在认识论上的出发点。“价值观的自信，是一个国家和民族在推进文化发展的进程中有所依循、知所趋止、顽强进取的定力与韧性所在，也是一个国家和民族面对各种文明创造和文化滋养择善而纳、从容吞吐的气度与尺度所在。价值观自信的失落，会使一个国家和民族缺乏文化前行的定力、韧性、激情与从容，要么拜倒在异质文化的脚下不能自立，要么昧于世界文明潮流甘于自闭，要么茫然四顾迷失自我不知所向。”② 核心价值观是一个社会道德精神的高度概括和凝练，一个社会的核心价值观是否先进，决定了这个社会道德体系的优劣，直接影响着道德体系凝聚力、引导力的强弱，进而影响道德主体对自我的评价。

因不同的时代面临的主要矛盾不同，每个时代就会形成不同的核心价值观。中国传统社会的道德自信建立在对传统社会核心价值观自信的基础上。中国传统社会是伦理本位的社会，强调以德治国。中国传统社会对于核心价值观比较一致的认识就是五常：仁、义、礼、智、信。另一种概括就是，国有四维，礼义廉耻，“四维不张，国乃灭亡”（《管子·牧民》）。两种概括的核心理念是一致的，表达方式不同而已。中国传统社会的核心价值观植根于小农生产为主的自然经济，虽然代表着统治阶级的利益，但对于缓和阶级矛盾、促进社会和谐、弘扬中华民族精神发挥着重要作用。中国传统社会将“亡国”和“亡天下”相区别，强调天下不可亡，就是强调不能丢失核心价值观的道统。正是传统社会核心价值观的先进性，才创造了辉煌灿烂的中华文明，才确立了中华民族的自信心。近代以来，由于社会生产方式的变革，传统社会建立在差序等级基础上的核心价值观逐渐解构了，也使得中国人民产生了道德心理上的自卑感。

---

① 《习近平谈治国理政》第一卷，外文出版社2018年版，第168页。

② 沈壮海：《文化自信之核是价值观自信》，《求是》2014第18期。

在当代中国，中国人民历经百年的奋斗，终于凝练出了社会主义核心价值观。社会主义核心价值观，“传承着中国优秀传统文化的基因，寄托着近代以来中国人民上下求索、历经千辛万苦确立的理想和信念，也承载着我们每个人的美好愿景”①。“富强、民主、文明、和谐是国家层面的价值要求，自由、平等、公正、法治是社会层面的价值要求，爱国、敬业、诚信、友善是公民层面的价值要求。这个概括，实际上回答了我们要建设什么样的国家、建设什么样的社会、培育什么样的公民的重大问题。”② 社会主义核心价值观为当代中国国家发展指明了方向，为社会建设提供了指引，为公民行为提供了规范。“社会主义核心价值观作为观念的上层建筑，是社会主义思想文化、意识形态、道德规范的综合体和精华体，本质上是对社会主义基本制度、发展道路和生活方式的价值反映，尤其是对于中国特色社会主义道路、理论、制度、文化的集中体现。”③

当代中国人的道德自信的根本就在于社会主义核心价值观的先进性。社会主义核心价值观的先进性从其自身特质来看，主要体现在“把涉及国家、社会、公民的价值要求融为一体，既体现了社会主义本质要求，继承了中华优秀传统文化，也吸收了世界文明有益成果，体现了时代精神”④。社会主义核心价值观的先进性从其发挥的作用来看，主要体现为对中国特色社会主义的建设提供了强大的支撑作用，为中国特色社会主义“培根铸魂”。社会主义核心价值观从价值层面深刻回答了“中国特色社会主义为什么好”，指明了中国特色社会主义道路的价值指引，明确了中国特色社会主义制度的价值依托，勾勒了中国特色社会主义理论的价值基础，阐明了中国特色社会主义文化的价值灵魂。“价值观自信是道路自信、理论自信、制度自信、文化自信的有力支撑，是坚持和发展中国特色社会主义的底气底蕴所在。”⑤ 社会主义核心价值观是立足于当代中国经济基础的一种

---

① 《习近平谈治国理政》第一卷，外文出版社 2018 年版，第 169 页。

② 《习近平谈治国理政》第一卷，外文出版社 2018 年版，第 168—169 页。

③ 王学俭：《新时代如何培育和践行社会主义核心价值观》，《人民论坛・学术前沿》2012 年第 14 期。

④ 《习近平谈治国理政》第一卷，外文出版社 2018 年版，第 169 页。

⑤ 郭建宁：《价值观自信是文化自信的灵魂》，《中国教育报》2017 年 8 月 4 日第 3 版。

道德共识，也是解决社会主要矛盾的一种价值期待。社会主义核心价值观具有明确的问题指向和实践指导功能，在解决社会存在和发展过程中面临的问题中彰显其先进性。社会主义核心价值观的先进性是提升中华民族道德自信的基础。

当今世界是开放的世界，道德自信是不同民族和国家在道德文化领域交流和竞争过程中形成的自我肯定的心理状态。道德自信体现了现代化过程中对本国指导理论、发展道路、国家制度、精神文化的自信。一个国家和民族之所以有道德自信，就是因为这个国家和民族的道德成功地解决了社会发展所面临的道德难题，推动了社会的发展和进步，使得这个国家和民族在世界上获得了其他国家和民族的尊重，赢得了尊严。同时，道德有助于协调利益冲突和矛盾纷争，让个人更好地融入社会，增进社会的善，也提升了个人的幸福感，促进了社会进步和人的发展。如果一个社会的道德不能够适应社会发展的需要，对社会的发展和进步起着一种阻碍作用，对人的自由全面发展是一种束缚，那么，人们对这个社会的道德不但没有信心，甚至还会产生自卑心理。中国共产党成立后带领中国人民为实现中华民族伟大复兴不懈奋斗，取得了举世瞩目的成就，中国人民逐渐克服了自卑心理，在道德上越来越自信。正如习近平总书记所言，“站立在九百六十万平方公里的广袤土地上，吸吮着中华民族漫长奋斗积累的文化养分，拥有十三亿中国人民聚合的磅礴之力，我们走自己的路，具有无比广阔的舞台，具有无比深厚的历史底蕴，具有无比强大的前进定力，中国人民应该有这个信心，每一个中国人都应该有这个信心”①。

## 五　道德自信的意义

随着现代性问题在全球的蔓延，道德的地位式微，人们能否恢复道德信心直接关系着人类社会的未来。世界范围内的矛盾与冲突，呼唤着人类的道德自信。而对于中华民族而言，重建道德自信更有着历史的因素

① 中共中央文献研究室编：《十八大以来重要文献选编》（上），中央文献出版社2014年版，第699页。

和现实的期待。道德层面的自信是中华民族自信自强的基础，是实现中华民族伟大复兴的心理状态，加强道德自信建设具有重大的理论意义和实践价值。

### （一）道德自信是个人发展的基础

道德自信促进个人发展。拥有道德上的自信是个人自信的基石，对道德的信心决定着个人的自信是否健康和持久。自信是人们对自己肯定的一种积极评价，这种肯定是在与他人的比较中产生的，人们通过比较认识到自己的优点，并激励自己乐观地迎接未来的挑战，相信自己能够达到追求的目标。道德自信是对一个社会道德体系的确信，体现了对一个社会道德现状的满意程度、对未来社会发展的乐观程度。一个社会占统治地位的道德体系反映了这个社会的核心价值的要求，一个人对这个社会的道德有信心，即意味着他接纳和认同了这个社会的核心价值观，并愿意按照核心价值观的要求指导和规范自己的言行，他的行为处世自然而然将得到社会的赞同和支持。一个有道德自信的人，将时刻要求自己履行社会要求的道德义务，不断提升自己的道德责任感，激励自己成为一个品德高尚的人。人无德不立，道德是个人生存和发展的基石。一个人可能在其他领域拥有出类拔萃的能力，成为行业的精英和翘楚，具有高度的自信，但如果没有道德上的自信，他的这种能力反而会成为社会潜在的风险。没有道德上自信，将会失去应有的道德敬畏，社会的技术越先进、个人的能力越强大将会给社会造成越大的危害。没有道德约束的技术和能力，足可以造成人类的灾难和世界的毁灭。一个具有道德自信的人，将会自觉接受道德规范的约束，并相信社会的绝大多数成员都是“向善”和“向上”的，相信这个世界的“善”是能够战胜“恶”的，当个人利益和社会利益、集体利益相冲突时，他不会将个人利益凌驾于社会利益、集体利益之上。所以说，拥有道德自信，是保证个人其他方面自信的基石，是健康人格和个人成功的基础。

道德自信增进个人的幸福。对于公民个体而言，道德自信可能强化德福一致，提升公民的幸福感。公民幸福感的提升需要理性的建构，加强道德建设尤其是加强道德自觉自信、改变道德无力感，是提升公民幸福感的有效途径。道德自觉自信为道德主体产生体验幸福的自信力，道德自觉自信的自我评价性为道德主体提供了真正的幸福感，道德自觉自信的自主创新性为道德主体增强幸福感。[①] 人是道德性的动物，人创造道德又被道德所塑造。道德属性体现了人与动物的重大区别。人类个体在生理结构上与动物相比是软弱的，动物天生具有的很多能力都在人类之上，但人还是有一种超越于动物之上的自信，这主要就是一种道德上的自信。一个具有道德自信的人，对待外部世界是乐观的、理性的、平和的，既不自卑，也不自傲，既不会封闭自己，也不会失去自我。面对百年未有之大变局，面对传统和现代的冲突，道德自信有助于赓续礼仪之邦的传统，塑造现代公民和君子人格；也有助于唤醒公民内心的道德自觉，激发全民的道德自强，坚定道德信仰。道德自信是应对世界异质文化冲突、构建人类共同价值的心理支撑，道德自信是促进个人自由全面发展的坚实基础。

### （二）道德自信是社会进步的基础

道德自信防止社会治理的失范。近代以来，市场经济等价交易的规则从经济领域扩散到了整个社会，导致货币万能化、“金钱至上”观念流行。资本主义工业化的发展提升了社会的生产效率，同时也摧毁了原有的道德体系。正如马克思在引用托·约·邓宁《工联和罢工》中所论述的：“资本害怕没有利润或利润太少，就像自然界害怕真空一样。一旦有适当的利润，资本就胆大起来。如果有10%的利润，它就保证到处被使用；有20%的利润，它就活跃起来；有50%的利润，它就铤而走险；为了100%的利润，它就敢践踏一切人间法律；有300%的利润，它就敢犯任何罪行，甚至冒绞首的危险。如果动乱和纷争能带来利润，它就会鼓励动乱和纷争。”[②] 当今世界，最大的危机不是物质的匮乏，而是道德的危机。当前中国社会道德建设也面临着较严峻的形势，“一些地方、一些领域不同程度存在道德失范现象，拜金主义、享乐主义、极端个人主义仍然比较突出；一些社会成员道德观念模糊甚至缺失，是非、善恶、美丑不分，见利忘

① 参见谭德礼《道德自觉自信与公民幸福感的提升》，《道德与文明》2013年第3期。

② 《马克思恩格斯文集》第5卷，人民出版社2009年版，第871页。

义、唯利是图，损人利己、损公肥私；造假欺诈、不讲信用的现象久治不绝，突破公序良俗底线、妨害人民幸福生活、伤害国家尊严和民族感情的事件时有发生”①。在资本的操纵下，金钱交易规则渗透于社会生产和生活的各个角落，拜金主义、享乐主义、极端主义充斥着人们的头脑，有些人失去道德的信仰，轻蔑道德的约束，极端败德行为时常击穿社会的道德底线，容易造成社会治理的失范。“道德自信是道德建设的基础，缺乏道德自信的道德建设没有生命力，也难以取得实际成效。因此，要想顺利有序地推进道德建设，就必须树立普遍的道德自信，唤醒内心的道德自觉，激发全民的道德自强，坚定道德信仰。”② 当今时代，最重要的就是让人们重塑道德的信仰，重拾对道德的信心。培育公民的道德良知和道德自信是筑牢社会秩序堤坝的内在要求，是防止社会失范的基础工程。

道德自信夯实社会善治的基础。任何时代的社会治理都离不开优良道德的支撑，符合当时那个时代基本的道德要求，社会治理才具有合法性。道德自信是对社会道德规范体系的肯定和信任，这种肯定和信任将凝聚社会的共识，夯实社会善治的基础。有学者强调：“道德自信是人类面对和处理现实社会矛盾表现出的人性能力。这种能力是促进人类善治的基本能力。人类善治的目标主要包括经济活动的自由、政治生活的有序、社会大势的稳定、文化发展的持续和生存环境的和谐。这五个方面相依相存，道德自信的能力贯穿于其中。”③ “道德自信有利于人民对道德规范的遵守、对道德要求的践行。在道德自信的基础上，人们的道德情感与道德意志必然增强。而道德情感与道德意志的增强必定会转化为一种人们遵守道德规范、践行道德要求的决心、毅力和力量。”④ 道德不是社会善治的充分条件，却是社会善治的必要条件。在道德自信的促进下，人们会不断地努力加强个人道德修养，从而提升社会整体道德水准，更好地发挥道德及道德文化的作

---

① 《新时代公民道德建设实施纲要》，《人民日报》2019年10月28日第1版。

② 曾广乐：《试论道德变迁视域中的道德自信与道德信仰》，《福建农林大学学报》（哲学社会科学版）2014年第3期。

③ 戴兆国：《呼唤道德自信 促进人类善治》，《中国文化报》2014年7月1日第3版。

④ 曾广乐：《试论道德变迁视域中的道德自信与道德信仰》，《福建农林大学学报》（哲学社会科学版）2014年第3期。

用。社会成员有了高度的道德自信后，市场主体会自觉接受经济道德的约束，政治活动会受到政治道德的规制，社会公共生活由公共道德引导，家庭生活和个人活动也由相应的道德规范指引，社会的善治才有可能实现。

### （三）道德自信是民族复兴的基础

自信才能自强，道德自信是民族复兴的心理基础，也是民族复兴的道德根基。在中华民族伟大复兴的进程中，拥有道德自信才能让中国人理性、平和地看待世界。1840 年以来，随着西方列强的入侵，中国人逐渐失去了民族自信心，对自身定位出现了偏差，中华民族在心理上出现了两种极端心态。一种是极度自卑心理。极度自卑心理是受西方中心主义的影响，高看西方、贬低自己的心理表现。甚至有学者从人性上否定中国人，“丑陋的中国人”之说让很多国人否定了自我。即使中国经济总量已经位列世界第二，仍然有很多中国人在与西方打交道时没有自信，自觉或不自觉地让外国人在中国的大地上享受着超国民的待遇，觉得西方的月亮就是比中国的圆，还存在崇洋媚外的心理。另一种是盲目自负心理。盲目自负心理是随着中国站起来、富起来盲目乐观的心理表现，高估中国实力，动辄认为在处理对外关系时“中国可以说不”，觉得中国全面超越西方指日可待。中国影响力的扩大是事实，但要实现中华民族伟大复兴并非敲锣打鼓就能实现的，复兴的征途上需要付出艰辛的努力，需要克服无数的挑战。极度自卑心理只看到中国与西方发达国家的差距，忽略了中国自身的优势；盲目自负心理只看到了中国的发展成就，但没有全面地认识自身发展的不足。极度自卑和盲目自负容易导致心态上的极端化，其实都是不自信的表现，自信者不自卑，也不自负。道德上的自信，能够让中国人超越政治、经济、军事等层面看待中西方的实力变化，而从精神层面理性、平和、客观地看待自身的发展和世界的变化。习近平总书记指出：“人类社会发展的历史表明，对一个民族、一个国家来说，最持久、最深层的力量是全社会共同认可的核心价值观。”[①] 道德自信的根本是对社会核心价值理念的自信，道德自信时刻提醒中国人要以社会

---

① 《习近平著作选读》第一卷，人民出版社 2023 年版，第 238 页。

主义核心价值观为判断标准，理性看待中国的优势和劣势，深刻认识到西方中心主义的局限，防止掉入西方“普世价值”的话语陷阱。道德自信既是对道德文化的认可，是对道德现状的肯定，也是对道德未来的信心。道德自信引导人们坚信中华优秀传统文化的生命力，能够全面客观、理性平和地看待中西方的互动与交流，既不贬低自己，也不高估他人，不自卑也不自负，不把中华民族近代以来的苦难变成心理的包袱，遇到困难激励自己迎难而上，取得成就提醒自己戒骄戒躁，防止极端心态成为中华民族伟大复兴的障碍。

道德自信提供实现中华民族伟大复兴的精神动力。道德上的自信是一个国家或民族的成员自信力的最高表现。道德标准在一定程度上就是价值标准，人们对本民族道德的自信是对自身存在价值的肯定，也是对世界各个民族生存状态进行比较后对自身文明形态的高度肯定。道德自信是发自内心的，体现于外在言行。物质财富上的自信、军事力量上的自信固然重要，但都不如道德自信那样文明高贵，那样具有内在力量和外在魅力。习近平总书记指出：“没有文明的继承和发展，没有文化的弘扬和繁荣，就没有中国梦的实现。”① 文化的核心是价值观，核心价值观本质上就是道德要求，伦理精神自信是文化自信的核心和根本。“在文化自信的系统结构和动力功能中，伦理精神自信既是基础性的自信亦是动力性的自信，还是目的性的自信，扮演着极为重要的角色，对于文化的产生、创造和维护起着尤为关键的作用。培育和提升伦理精神自信，对于整体提升文化自信，推动中国文化走出去和实现伟大复兴，无疑具有十分重要的意义和价值。”② 传承中华优秀文化，最重要的任务就是要传承中华优秀的道德文化。对中华文化的自信，最根本的就是要对中华道德文化有自信。道德自信有助于凝聚价值共识，培育民族精神，也有助于在人类命运共同体的构建中，引领人类的共同价值，贡献中国智慧。

---

① 习近平：《在联合国教科文组织总部的演讲》，《人民日报》2014 年 3 月 28 日第 1 版。

② 王泽应：《伦理精神自信是文化自信的核心和根本》，《道德与文明》2011 年第 5 期。

# 第二章　中华传统美德自信

道德自信是道德主体对本国道德文化的认同、道德现状的肯定和道德未来发展的信心。我国有着灿烂的文明史，中华文化是唯一绵延至今不曾中断的文化。《新时代公民道德建设实施纲要》提出要“自觉传承中华传统美德，继承我们党领导人民在长期实践中形成的优良传统和革命道德，适应新时代改革开放和社会主义市场经济发展要求，积极推动创造性转化、创新性发展，不断增强道德建设的时代性实效性”①。道德自信体现为对中华传统美德、革命道德、社会主义道德有着强烈的认同感、自豪感，特别是对历史沉淀的传统美德的生命力有着坚定的自信，相信它们能适应时代发展的需要，经受住各种考验而与时俱进、历久弥新。道德自信首先是对本国道德传统的认同，中华传统美德自信是道德自信的重要构成，对本民族道德历史文化有自信是确立道德自信的基础。

## 一　深刻认识中华传统美德自信的意义

中华传统美德是中华优秀传统文化的精华。从时间维度上看，任何事物的过去、现在和未来都是有内在联系的，道德文化可以划分为传统道德文化、当代道德文化和将来道德文化。道德文化自信是对传统道德文化、当代道德文化和将来道德文化的自信。任何事物都不是静止的，三种形态的道德文化也都处于发展过程中，并非一成不变的。中华传统美德在不断

① 《新时代公民道德建设实施纲要》，《人民日报》2019年10月28日第1版。

“创造性转化、创新性发展”，当代道德文化也在不断建设和发展，对将来道德文化的认识也在不断深化。但不管如何发展和变化，一个民族的道德文化有其传承性，有其质性的规定，其精华和内核在全体中国人心中是有共识的，因为这是中华民族的根，已经深深地打上了民族烙印。2016 年 5 月 17 日，习近平总书记在哲学社会科学工作座谈会上强调：“我们说要坚定中国特色社会主义道路自信、理论自信、制度自信，说到底是要坚定文化自信。文化自信是更基本、更深沉、更持久的力量。”[①] 中华传统文化是伦理文化，道德文化是中华传统文化的核心内容。中华民族之所以能确立道德自信，从源头上来说，就是因为中华传统美德的先进性。确立对中华传统美德的自信，是增强道德自信的根基。

### （一）道德文化自信更基本

从影响广度来看，道德文化自信能够发挥更基本的影响力。从某种意义来说，当今时代的一切都是文化发展的产物。在人类社会的各种文化中，道德文化的影响是全方位的。道德文化包罗万象，涉及各个行业、各个层面，人类活动的所有领域都需要发挥道德文化的涵养作用。一个民族的道德文化是这个民族历经千辛万苦从生产和生活的实践中总结出来的宝贵经验，是对后世诸君的一种殷切告诫和谆谆教诲。道德文化的自信实质上就是对民族道德价值追求的一种信念和执着，是对民族精神的一种高度肯定。道德文化看似柔弱无力，却影响着人类活动的方方面面，并制约着其他文化的“面相”。道德是一个社会的行为规范，也是一个社会的评价标准，道德文化就是一个社会评价是非对错的基本场域。离开了特定道德文化的支撑，人们评价是非对错就失去了这个共同的场域，其评价也只能是完全从自我出发，将陷入道德相对主义的泥潭。如果一种道德文化有其内在合理性，能够指导人们处理各种矛盾和纠纷，能够调和各类主体的利益冲突，能够引领人类的发展方向，这种道德文化必然能够展现其长期的生命力，这种道德文化也必然能够给予人信心。人们一旦确立了对一种道

---

① 《习近平著作选读》第一卷，人民出版社 2023 年版，第 479 页。

德文化的信心，将以更加自信的心态看待世间万物的变化，增强对未来发展的信心。

### （二）道德文化自信更深沉

从影响深度来看，道德文化自信能够发挥更深沉的影响力。道德文化是一个民族文化的核心，体现了一个民族内心深处的情感和精神，是一个民族的本质规定性。中国人之所以是中国人，就是因为中国人内心深处形成了根深蒂固的道德观念，中华民族源远流长的道德文化时刻提醒我们什么"应为"、什么"可为"、什么"勿为"。比如，在中国古代的神话故事中，火是人类自己钻木取的，大水也是靠着"三过家门而不入"的精神被治服的。"天行健，君子以自强不息。"中国人从来不把希望寄托于外在的力量上，始终相信唯有自强才能生存和发展。中国人不管面临什么困难，都能做到积极有为。当今世界的发展可谓日新月异，国家和民族之间的竞争日趋激烈，如何让国家和民族立于不败之地？如何让广大人民在日益"物化"的社会找到安身立命之本？这些问题都需要回到民族的历史和文化之中去寻找答案。中华民族在长期的生产和生活实践中，形成了独特的民族精神和道德情操。中华传统美德赋予了中华民族"根"和"魂"，融入了中华民族的血脉，生成了中华民族的独特基因，是中华民族处世哲学和发展智慧的浓缩。不管世界如何变化，中国人在传统道德文化的浸润下，始终传承着中华传统美德，不断克服前进道路上的各种困难和挑战，为中华民族伟大复兴提供强大支撑。夯实道德文化自信，能够帮助人们守住民族的"根"和"魂"，用民族的智慧看清楚世界纷繁复杂现象背后的本质，让我们的民族始终保持定力。

### （三）道德文化自信更持久

从时间维度来看，道德文化自信能够发挥更持久的影响力。物质的繁荣是一时的，文化的生命力却是持久的。中国、古埃及、古印度、古巴比伦四大文明古国中，只有中华文明延续至今，而其中的密码就在于中华文化自身的魅力。从历史上看，中华文化虽历经劫难，却总能凤凰涅槃，浴火重生。中华文化的先进性是经受住了历史的考验的，而作为中华文化内核的道德文化凝结了中国人几千年来的思索和创造。“中和”“经权”等先进道德理念，帮助中国人时刻把握“道”之妙，辩证看待世界发展，理性对待各个民族的文化，包容而又不失自我，发展而又不失根本。各种道德文化和理念都曾在中华大地上交锋，但中华道德文化始终自强不息、厚德载物，以其坚韧和包容不断发展和创新，形成了独具特色的道德文化信仰。道德文化作为一种软实力，比经济、政治和军事等硬实力更具持久性。没有先进道德文化的支撑，经济繁荣可能昙花一现，政治霸权犹如无根之萍，军事力量也是外坚中空，经济上、政治上和军事上的自信都是难以持久的。唯有道德文化的力量能够穿透时空，经久不衰，因为道德文化是民族的基因和血液，深入人的骨髓，能够激发人们内心最深层次的力量。道德文化的自信是更持久的自信，这种自信能够帮助人民克服困难、战胜挫折，让一个民族在低谷时依然充满希望。当今时代，面对人类发展的各种危机，有识之士均对中华美德高度肯定、充满期待。中华优秀道德文化为世界国与国、人与人之间交流提供了广泛可接受的道德准则，为全球道德共识的形成提供了强有力的支撑，在当今世界展现出了无与伦比的生命力。

## 二　中华传统美德的内容特征

中华传统文化蕴含着丰富的思想道德资源，形成了独特而富有生命力的道德文化。全面、准确地把握中华传统美德的内容和特征，是坚定中华传统道德文化自信的内在要求。

### （一）中华传统美德的源头活水

中华传统优秀道德文化内容丰富、博大精深，这些文化有一个共同的源头。中华文明向来是主张统一的文明，即使是经历长时间的政治分裂，依然能够恢复统一的局面。中华文化能够产生如此强大的统一的力量，必然有其内在的原因，这个原因就是中华民族共同的文化源头，这个源头就是我们称为“群经之首”的《易经》。正是因为中华民族有共同的文化源头，所以中华民族才能够维持长期的统一。欧洲国家之所以难以实现统一，其根源就在于其文化的多元性。

《易经》被称为群经之首，深刻阐述了天地世间的万象变化，奠定了中华文化的起始基因。中华文化的文明史，就是一部《易经》发展应用史。《易经》包括《连山》《归藏》《周易》三部易书，其中《连山》和《归藏》已经失传，现存于世的只有《周易》。《易经》被誉为“诸经之首，大道之源”，是中华传统文化的总纲领，蕴含着朴素深刻的自然法则和和谐辩证思想，是中华民族五千年智慧的结晶。《易经》以自然辩证法为支点，从人生观、世界观的高度，指导人的思想、行为，充满了辩证思维，充满了忧患意识，同时也贯穿着进取精神。《易经》语言高度精练，富于想象，善用比兴，是真善美的统一。《易经》是远古的精神文明、民族智慧的结晶。

中华传统文化能够传承至今，不仅因为有共同源头，还因为有活水。源头可正本，保证中华文化历经几千年不变质；当然也要有活水，结合时代的变化不断丰富和发展，才不至于枯竭。《易经》是中华文明的源头，是中国学术思想的渊源，文化的枢纽。儒、道以及其他诸子百家无不是从易经中吸取营养而提出创立了自己的一派学说。历史上的诸子百家就是中华文明的活水，从各个角度滋润着中华文明，为中华文明的发展不断注入养分，让中华文明长久保持着旺盛的生命力。在中华文化的发展史中，道家、法家和儒家的道德文化思想具有重要的地位，其核心道德文化理念一直影响着今天的中国。

道家以老子、庄子为主要代表，道家思想的核心是“道”，认为“道”是宇宙的本源，是最高的价值，也是宇宙一切事物运动发展的法则，是万物得以相生、相续、转化、发展的原动力。老子曰：“有物混成，先天地生。寂兮寥兮，独立而不改，周行而不殆，可以为天地母。吾不知其名，强字之曰‘道’。”（《老子》第二十五章）“道生一，一生二，二生三，三生万物”（《老子》第四十二章），这是对伏羲八卦和《易经》的总结。太极生两仪，谓阴阳；两仪生四象，谓太阴，少阳，少阴，太阳；四象生八卦，谓乾、兑、离、震、巽、坎、艮、坤。八八六十四卦，老子贯通易理，总结为三生万物，不过如此尔。道家认为，任何有目的的行为都可能使行为本身产生偏差，应让宇宙万物“自足其性”，主张清静无为，反对斗争，讲究“天人合一”“崇尚自然”，强调“无为”而“达道”。道家认为儒家的“仁义道德”是虚伪的说教，尤其是认为儒家的“礼”，不过是所谓的“圣人”制定的规则，是维护不合理的社会等级秩序的工具。道家反对“教化”，主张“无为自化”，认为道有自身内在的规律，一切顺应大自然，也就是“道法自然”。怎样才能“自化”？道家认为只要人的行为活动不违背自然规律，只要人间的道德秩序符合自然的原则，一切社会矛盾都会自动化解，一切对立冲突就可以避免，这就是“自化”。道家以“达道”为核心的伦理思想对中国影响深远。西汉初年，道家无为而治思想被统治阶级采纳而上升为治国的一种共识，实施休养生息。后来的魏晋玄学、宋明理学都受到了道家思想的影响。佛教的禅宗在诸多方面也受到了道家思想的启发。在历史的长河中，道家思想可谓熠熠生辉。

法家，作为一个学派来说，其开创者和思想奠基人是李俚，其思想集大成者则是韩非。法家思想有三个方面的基本主张。其一，利益引导，发展经济，是法家思想体系的核心内容之一。法家利用人们“趋利避害”的心理，倡导“利出一孔”，民众只能通过从事耕战这唯一的途径获利，通过鼓励耕战来实现“民强”与“国富”。其二，尚法明刑，主张对破坏变法的人处以重刑。商鞅主张刑无等级，无论是将军大夫，还是一般庶民，只要触犯国法，一律按律处置。法家在严刑峻法上，提出了一系列具体的主张，诸如刑赏的相互为用，且以刑为主，重刑少赏，先刑后赏等。其三，君主专制，法家主张君主专制，集大权于君主一身。商鞅曾说，治国三要素，包括法信权，而权是君主所独断的。主张君主要对权柄进行专断，举凡立官封爵、论功行赏等，都要掌握在君主手中。因此，发展经济、尚法明刑、君主专制是法家思想的三条主线，它们贯穿了法家形成与发展的全过程，并随着秦国变法而付诸实践，成为秦王朝意识形态上的共识。从法家的基本主张可以看出，法律仅是利益机构实现目的的手段，实现君主专制是其目的，但其三大主张均是建立在“利出一孔”的利益导向机制上的，“利益”导向是其理论的基石。法家“利出一孔”的导向机制，鼓励耕战，有力地促进了经济发展，在一定程度上得到底层百姓的认可。然而，法家的“利益”为基础的伦理思想对人性的认识并不全面，在君主专制的年代，所谓利益的共赢最终也只能是君主的单赢，发展的最终结果是君主残暴的极致与一个朝代的结束。需要注意的是，法家的道德观念影响却是深远的，中国历朝历代都很重视法律的作用，形成了中华法系。

孔孟创立儒家学派后，儒家思想在不同的历史时期，其内容各有侧重。从整体而言，儒家学说以“仁”为核心，以孝、悌、忠、恕、礼、知、勇、恭、宽、信、敏、惠等伦理思想为支撑，强调“亲亲”“尊尊”的立法原则，重视“礼治”，提倡“德治”，维护“人治”。儒家以“仁”为出发点，以人性善为立论基础，注重人内心世界的变化，强调人的德性发展的可塑性，主张以道德去感化教育人，通过教化而非刑罚使人去恶从善。儒家教化理论的目标就是《大学》开篇所提出的“大学之道，在明明德，在亲民，在止于至善”。所谓“明明德”就是发扬光大美好的品德；“亲民”即教化百姓，使其自新；“止于至善”则是对不同社会地位、不同阶层的人有不同的要求：“为人君，止于仁；为人臣，止于敬；为人子，止于孝；为人父，止于慈；与国人交，止于信。”（《礼记·大学》）“明明德”是教化的基本任务和思想基础，“亲民”是教化的行为要求和实践指向，“止于至善”是受教者品德发展的目标追求和极佳境界。这三个方面是有机结合、紧密联系、不可分割的整体。怎样教化呢？儒家认为应以“礼”化之。“仁义道德，非礼勿成”，也就是通过“礼”的形式，去实现“仁义道德”的内容。儒家的目的是把仁义道德的内容通过“礼”的形式灌输给百姓，让他们懂得做人的规矩，也就是教会人们怎样做人。儒家教化理论主张君子以“修身”为前提，通过“礼”的外在约束，使儒家“德治”“礼治”思想深入人心，使民众认同和接受作为统治阶级意识形态的儒家伦理思想，并在全社会形成一致的政治意识、政治情感和政治价值观念，从而实现阶级统治和社会控制的目的。儒家学说长期被封建统治者奉为正统，对我国社会发展影响甚大。

### （二）中华传统美德的核心内容

中华传统美德博大精深，在源头活水的滋润下，形成了一条主干，构成了中华传统美德的核心内容。习近平总书记指出，要“深入挖掘和阐发中华优秀传统文化讲仁爱、重民本、守诚信、崇正义、尚和合、求大同的时代价值，使中华优秀传统文化成为涵养社会主义核心价值观的重要源泉”①。习近平总书记将中华传统美德的核心内容概括为“讲仁爱、重民本、守诚信、崇正义、尚和合、求大同”六方面内容，这六个方面是中华传统美德的集中体现，也是当代中国应当继承发扬的传统美德的核心内容。

“讲仁爱”。《论语》中的“仁”，究其根本乃是“爱”的演绎和诠释。《论语》提出“仁者爱人”，仁即是爱。孔子把“仁”作为最高的道德原则、道德标准和道德境界。孟子把“仁”同“义”联系起来，把“仁义”看作道德判断的最高标准。孟子在孔子学说的基础上，还提出著名的仁政理论，要求把仁的学说落实到具体的政治活动和社会治理中，主张实行王道，反对霸道政治，使政治清平，人民安居乐业。在中国传统文化中，儒家“仁爱”思想体系从血缘家庭出发，不断向外扩展，倡导爱天地万物。以家庭为体系的爱即“爱亲人”，儒家认为孝悌是仁爱之根本。以社会为体系的爱即“泛爱众”，要求爱一切人。儒家仁爱思想以爱亲人为起点，但并没有局限于爱亲人，提出“泛爱众而亲仁”（《论语·学而》），主张“四海之内，皆兄弟也”（《论语·颜渊》）。以宇宙为体系的爱即“爱万物”，要求爱宇宙万物之一切。孔子说：“子钓而不纲，弋不射宿。”（《论语·述而》）儒家把仁爱思想推向天地万物，达到仁者与天地万物为一体的境界。“仁爱”思想推己及人，甚至推己及物，成为中国传统社会安身立命的价值引领和行为处世的道德准绳。

“重民本”。民本思想，相对于君本、官本而言，指中国古代统治阶级为维护和巩固其统治而提出的一种政治伦理，核心要义为重民、贵民、安

---

① 《习近平谈治国理政》第一卷，外文出版社2018年版，第164页。

民、恤民、爱民等。民本思想在中国可谓源远流长，早在先秦时期，民本思想已深入人心，孔子倡导“为政以德”的理念，孟子强调“民贵君轻”的思想，荀子提出“君舟民水”的观点。“在中国漫长的封建社会，为了维护君主的长久统治，统治阶级政治清醒的核心要求是要做到以民为本。民本思想是中国传统廉政文化的组成部分，是廉洁政治的价值落脚点。当政者不以民为本，人民群众就会把他打倒、推翻，王朝兴替的历史使一些圣人先贤认识到了人民群众的强大力量。”①“民惟邦本，本固邦宁”（《尚书·夏书·五子之歌》）深刻阐述了民众才是国家的基石的思想。刘向《说怨·建本》载：“齐桓公问管仲曰：‘王者何贵?’曰：‘贵天。’桓公仰而视天。管仲曰：‘所谓天者，非谓苍苍莽莽之天地；君人者以百姓为天，百姓与之则安，辅之则强，非之则危，背之则亡’。”老子曰：“圣人常无心，以百姓心为心。”（《老子》第四十九章）孔子认识到要重视民众的生活，认为“足食，足兵，民信之矣”（《论语·颜渊》）。孟子主张君主应施行“仁政”，并最早在理论上明确提出“民贵君轻”的思想，强调“民为贵，社稷次之，君为轻”（《孟子·昼心下》）。《荀子》中记载“君者，舟也；庶人者，水也。水则载舟，水则覆舟”（《荀子·王制》），用舟与水的关系形象地描述了统治者与民众之间的关系。中国传统社会民本思想可谓深入人心。江西省浮梁县衙署有“官联”：“欺人如欺天，毋自欺也；负民即负国，何忍负之。”河南省内乡县古县衙内也有一副远近闻名的“官联”：“得一官不荣，失一官不辱，勿说一官无用，地方全靠一官；吃百姓之饭，穿百姓之衣，莫道百姓可欺，自己也是百姓。”两联均阐明了官源于民的关系，为官者不应有特权，而且要以民为本，造福一方。就连庙堂之外的诗人杜甫也作诗“侧身天地更怀君，独立苍茫自忧民”。范仲淹不计个人得失，倡导“居庙堂之高，则忧其民；处江湖之远，则忧其君”。民本思想在一定程度上反映了人民的意愿，客观上起到了抑制统治者残暴统治的作用，推动了历史的发展。

“守诚信”。诚信即诚实、守信之意。“诚”是儒家为人为事的基本要

---

① 韩桥生：《干部清正：对中国传统官德的扬弃》，《江西师范大学学报》（哲学社会科学版）2014 年第 1 期。

求，劝诫人们立身处世，当以诚信为本。宋代理学家朱熹认为：“诚者，真实无妄之谓。”（《四书章句集注·中庸章句》）《说文解字》认为“人言为信”，程颐认为：“信者，无伪而已。”（程颢、程颐：《河南程氏遗书·卷一》）诚与信紧密联系，二者不可分离：“诚则信矣，信则诚矣。”（程颢、程颐：《河南程氏遗书·卷二十五》）。践行诚信是传统社会的基本道德要求。对个人而言，古人强调诚信是立身之本，认为诚信贵在坚持，应从身边小事做起，勿以恶小而为之，勿以善小而不为。子曰：“人而无信，不知其可也。”（《论语·为政》）对于国家和社会而言，古人强调诚信是治国之本。《左传》云：“信，国之宝也。”指出诚信是治国的根本法宝。在“足食”“足兵”“民信”三者中，孔子认为“民信”最重要。孔子强调“民无信不立”，如果人民不信任统治者，国家朝政根本立不住脚。因此，统治者必须“取信于民”，正如王安石所言，“自古驱民在信诚，一言为重百金轻”。

“崇正义”。“正义”一词，在中国最早见于《荀子》：“不学问，无正义，以富利为隆，是俗人者也。”正义观念萌芽于原始人的平等观，形成于私有财产出现后的社会。在伦理学中，正义通常指人们按一定道德标准所应当做的事，也指一种道德评价，即公正。正义是一种价值判断，内含有一定的价值标准，其基本要求是没有偏私，就是要做到公平公正、合适中道。《中庸》说：“义者，宜也。”《墨子·天志下》说：“义者，正也。”正义既包含人的行为的正当与公正，也包含社会制度评判上的合宜与公平。孔子说：“饭疏食饮水，曲肱而枕之，乐亦在其中矣。不义而富且贵，于我如浮云。”孟子说：“王何必曰利？亦有仁义而已矣。”董仲舒说：“正其义而不谋其利，明其道而不计其功。”正义的核心要求就是正确处理义利关系，尊重主体的合理诉求，不管是个人行为还是国家治理都要求持中秉正。正义是一种崇高的道德标准，“崇正义”也一直是中华民族处理国内国际事务的准则。中国人相信正义就是正道，正义就是力量，“崇正义”而不畏强权是中华民族的宝贵精神。

“尚和合”。和合，即和谐、融合之意。和合是中华民族孜孜以求的自然、社会、人际、身心、文明中诸多元素之间的理想关系状态。西方文化崇尚竞争和征服，在统一与对立之中，更强调对立，把战胜对方视为目标。中国文化则相反，更加推崇统一，追求“和合”，认为世间万物和谐相处才能长久。老子提出“万物负阴而抱阳，冲气以为和”（《老子》第四十二章），认为世界万物都包含着阴阳两个方面，阴阳相互作用而构成“和”。在阴阳的互动中实现“和”，这是宇宙运行的本质和天地万物生存的基础。因此，中国人强调“礼之用，和为贵”（《论语·学而》），把“和”作为处理人与人、人与群、人与自然等诸多关系的理想境界。在中国社会，不同民族、不同宗教、不同信仰的人都可以和睦相处，造就了儒释道三教合流、“伊儒会通”等文化盛况。正是因为“尚和合”，使得中华优秀传统文化具有突出的包容性、和平性，从来不排斥和打压外来文化。“尚和合”理念在一定程度上象征着中华文明的高度，“和”的最高境界“天人合一”是古代中国人处理自然界和精神界关系所持的基本思想。“中庸之道”是“和合文化”在为人处世方面的具体准则。“协和万邦”是中华民族与世界各国人民友好相处的传统道德基础。

“求大同”。《礼记·礼运》最早定义了“大同”的概念：“大道之行也，天下为公，选贤与能，讲信修睦。”中国人自古就有“天下”观念，反对极端个人主义，倡导世界大同。“忠恕之道”是儒家仁爱思想的践行要求，“忠”是要求“己欲立而立人，己欲达而达人”（《论语·雍也》），“恕”是要求“己所不欲，勿施于人”（《论语·颜渊》）。孟子曰：“老吾老，以及人之老；幼吾幼，以及人之幼。天下可运于掌。”（《孟子·梁惠王上》）正如黄宗羲所说：“不以一己之利为利，而使天下受其利；不以一己之害为害，而使天下释其害。”（黄宗羲《明夷待访录·原君》）实现“大同”是中国社会自古以来的治国目标，是知识分子阶层上下求索的理想追求。在“公”“私”之辩中，中国知识分子把“公”作为优先选项，主流思想家们旗帜鲜明地反对个人主义，倡导承担“天下为公”责任，家国情怀可谓融入国人血脉。费孝通先生将中国人追求天下大同的理念概括为：“各美其美，美人之美，美美与共，天下大同。”党的十九大报告引用“大道之行，天下为公”来表述新时代中国特色社会主义的理想追求。无私、友爱、平等与和谐，这些美德对于克服人与人之间、民族与民族之间、国家与国家之间的冲突与隔阂依然具有重要价值。

### （三）中华传统美德的基本特征

中华传统美德历史悠久，发展过程中体现了鲜明的价值导向和实践特色，其基本特征主要体现为道德的政治化和道德的生活化。

**1. 道德政治化**。与西方道德文化相比，中国优秀传统道德文化的一个突出特征就是道德与政治紧密相关。西方社会的政治规则是建立在人性恶的基础之上，政治的合法性并不取决于执政者个人的私德。而中国则不然，中国古代社会从结构上来讲具有“家国同构”的特征，这种结构决定了中国古代社会执政者的公德与私德无法做到有明显的区分。商朝的统治者强调“受命以天”，认为其统治是“天命所归”，其统治的合法性来自天命。周取代商后，一方面为了吸取商灭亡的教训，另一方面也是为了解释其统治的合法性，周朝的统治者提出了“以德配天”的命题，此后统治者的德性成为维护其统治的合法性基础。在儒家看来，“政治”其实质就是道德之治。[①] 孔子说：“政者，正也。子帅以正，孰敢不正?”（《论语·颜渊》）管子认为：“政者，正也。正也者，所以正定万物之命也。是故圣人精德立中以生正，明正以治国。”（《管子·法法》）在中国历史上，还出现过“春秋决狱”的制度，即在法无明确规定的情况下，可以直接引用儒家经典所倡导的道德要求来断案。从个人发展来看，儒家强调“内圣外王”，修身立德不是个人最终的目的，而是为了“外王”，就是治国平天下，个人德性的最高评价标准是服务于政治。“儒家把修身、齐家、治国、平天下贯通为一，也就是把道德与政治合而为一。把道德政治化，以道德治国虽不是中国古代所独有，但由于儒家在封建社会占正统地位，因此伦理政治在历史上起过重大作用，有着深远影响，应给以足够的重视。”[②] 统治者也为个人的道德修养提供了参与政治的渠道，汉朝开始的举孝廉制度在中国历史上影响深远。政治道德化的过程也是道德政治化的过程。官员之德是为官之基础，为政以德是治国的基本要求，官德和政德成为传统社

---

① 参见徐黎明、孙守明主编《政治伦理学》，中国社会出版社 2011 年版，第 5 页。

② 刘泽华、葛荃主编：《中国古代政治思想史》，南开大学出版社 2001 年版，导言第 4 页。

会统治的合法性基础。

**2. 道德生活化。**中国优秀传统道德文化的另一个突出特征就是道德与生活紧密相关，通过“礼”的形式和要求融入了社会成员的日常生活中。道德由社会习俗演化而来，毫无疑问与日常生活有着千丝万缕的联系，这在古今中外都是一样的。然而，西方主要是通过宗教，以宗教伦理的形式约束社会成员，道德要求与日常生活的这种紧密性远不如中国。中国传统社会通过“礼”的形式和要求，实现了道德与生活的一体化，道德是一种生活的常态，生活本身也是德性的体现。孔子毕生的追求就是：“克己复礼，天下归仁焉。”（《论语·颜渊》）在儒家看来，“仁”是内在追求，“礼”是外在约束，通过“礼”的形式把“仁”内在要求外化为生活中的行为规范。最初的礼是指宗教祭祀中的规矩，历经夏、商、周而成为一套典章制度。在孔子的倡导和充实下，“礼”成为一套别贵贱、尊卑、长幼、亲疏的道德规范，核心是要求君君、臣臣、父父、子子等社会成员均能依规矩行事。“在儒家思想体系中，‘礼’不仅包含日常生活中待人接物的礼节或规矩，而且包括我国古代社会生活中各个领域的制度和规范，甚至还包容了与这些制度和规范相适应的思想观念或道德理性。”①“礼”是中华道德文化的载体和外化，符不符合“礼”的要求成为评价道德主体道德水平高低的可操作的、外在的衡量标准。“礼”既包括国家政治生活的具体要求，也包括普通老百姓日常生活的具体要求。中国传统社会通过“礼”的形式，成功把仁义道德的要求转化为日常生活的规范，把道德生活化了。古代社会知识主要由上层社会垄断，但即使是一个目不识丁之人，他可能根本不理解道德的深奥道理，但只要他在日常生活中接受并遵守人们口口相传的“礼仪”的程式性要求，就意味着他在按照道德的要求规范自己的言行，并不妨碍他成为一个品德高尚之人。“从某种意义上可以说，中国古代文化就是‘礼’的文化，中国古代政治就是‘礼’的政治，中国古代社会发展史就是一部‘礼’的历史。在中国古代，‘礼’的发达程度及其在整个民族精神和社会政治中的作用，都有着独特的、重大的文化意

① 丁鼎：《“礼”主导中国古代社会》，《中国社会科学报》2020 年 11 月 23 日第 5 版。

义。”[①] 中国被称为礼仪之邦，就是通过“礼”做到了道德的生活化，生活中强调时刻遵守道德的要求。

## 三　中华传统美德的历史地位

为什么要坚定对中华传统美德的自信？盖因为中华传统美德是中华民族的“根”和“魂”。中华文明能够绵延至今而生生不息，必然有其先进的基因和成功的密码。中华文化是伦理本位的文化，中华传统美德是中华文化的核心内容和精髓所在。中华传统美德体现了中华民族的精神追求，也是对人类社会发展规律的思考与凝练，在当今时代依然有着旺盛的生命力。

### （一）中华传统美德奠定了中华文化的底色

中华传统文化博大精深，既包括各类物质文化，也包括丰富的精神文化。与其他国家和民族的文化相比较，中国传统文化最大的特征在于其内倾性，是向内求的文化。人类社会从其形成那天起，就面临着一个总问题，那就是资源的稀缺性，相对于人们无穷的欲望而言，能够满足人们欲望的资源是有限的、不足的。在如何缓解资源稀缺性矛盾这个问题上，中西方的思路正好相反。西方文化是外倾，塑造一个外在的权威，通过宗教的形式来控制人的思想和欲望，从而达到调整物质需要和精神需要之间矛盾的目的。按西方的理论逻辑，人都是有“原罪”的，只有通过宗教的救赎才能实现个人的幸福。在希腊神话里，普罗米修斯违反了天神宙斯的旨意，盗取火种带给人类，人类因此有了火。面对大洪水，人只有选择逃避，根据《圣经》记载，诺亚方舟是诺亚依据神的嘱托而建造的一艘巨大船只，建造的目的是让诺亚与他的家人，以及世界上的各种陆上生物能够躲避一场因神惩而造的洪灾。中国文化是内倾的，对物质生活与精神生活有着独到的理解，强调通过自身的努力，通过德性的修养，重视并崇尚精神生活，主张用精神品格控制欲望。儒家先贤强调，人之所以异于禽兽，

① 丁鼎：《“礼”主导中国古代社会》，《中国社会科学报》2020 年 11 月 23 日第 5 版。

在于人有道德，有精神追求。在中华文化中，战胜困难都是靠自己的努力，火是自己的祖先燧人氏钻木取火而来的。面对洪水的威胁，大禹治水，三过家门而不入。“愚公移山”的故事深刻体现了中华民族不畏艰难，坚持不懈，奋斗不止的勇气和担当。“自强不息，厚德载物”是中华文化的鲜明底色，对道德理想的崇高追求就是中华文化的“根”和“魂”。从这个意义而言，中华传统美德奠定了中华文化的底色，中华民族的优秀文化都是由占主导地位的道德文化所规制和导引而发展形成的，脱离中华传统美德来谈中华文化无疑是缘木求鱼。

### （二）中华传统美德塑造了中华民族的德性

因为中华文化之内倾，从而形成了中华文化“伦理本位”的特征，形成了中华民族高度重视道德修养和道德教化的传统，也塑造了中华民族的德性。正如钱穆先生所言：“中国文化之内倾，主要从理想上创造人，完成人，要使人生符合于理想，有意义、有价值、有道德。这样的人，就必然要具有一个‘人格’，中国人谓之‘德性’。中国传统文化最看重这些有理想与德行的人。”① 中国传统社会主流思想的立足点从来都不是自私自利，而是心系天下苍生。孔子有言“杀身成仁”，孟子有言“舍生取义”。儒家推崇“仁”“义”，把“仁”“义”作为最高道德标准，为实现“仁”和“义”，即使牺牲自己也在所不惜。墨家把“兼爱”作为最高道德理想。我国伦理思想史上有经典的“三不朽”命题：立德、立功、立言，立德为首要标准。《大学》开篇开宗明义提出：“大学之道，在明明德，在亲民，在止于至善。”传统社会知识分子遵照“修身—齐家—治国—平天下”、以内及外、内圣而外王的人生进路，把个人德行作为安身立命的根本。“自天子以至于庶人，壹是皆以修身为本。”（《礼记·大学》）围绕立德修身，古代提出了许多行之有效的具体方法，如改过、慎独、重行、内省、居敬等。中国传统社会把道德作为评价是非功过的根本标准，也是调整社会关系的根本准则。中国人常说，有“理”走遍天下，这个“理”是“道理”

① 钱穆：《中国历史精神》，九州出版社 2016 年版，第 168 页。

之“理”，更是指人们都接受的道德要求，有“理”走遍天下就是有“德”走遍天下。处理对外关系也是如此，中华民族即使在国力强盛时也是强调以德服人、和睦邻邦，而不是仗势欺人，搞霸权主义。西方社会公德与私德有着不同的判断标准，公职人员即使私生活混乱也照样担任公职，这在一定程度上说明西方社会并不把道德作为最重要的评价标准。中华民族向来强调“为政以德”，无德不足以立身，无德就不配为政，把道德作为对公职人员的基本要求。中华传统美德塑造了中华民族的德性，奠定了中华民族之魂，是中华文明能够绵延至今的内在基因和成功密码。

### （三）中华传统美德滋润了中国人民的心灵

人是物质属性和精神属性的统一体，人不仅有物质需要，也有精神需要。在古代社会，生产力相对落后，人们生存异常艰难。当时的人们对这个世界认识非常有限，面对恶劣的自然环境和对未来的迷茫恐惧，抚慰心灵的意义不亚于获得食物的意义。生命的意义何在？这是所有民族在生存和发展的过程中必须回答的问题。中国的地理环境孕育出了伟大的农耕文明，在人与自然的互动中把握世界运行的“道”，形成了深入人心的道德文化。面对生存困顿的危机和生活意义的追问，伟大的先贤把“自强不息，厚德载物”作为天道、地道和人道的一致要求，把追求理想人格、提升个人德性、担当家国责任视为生命的意义所在。历史上无数仁人志士以“为天地立心，为生民立命、为往圣继绝学、为万世开太平”为人生目标，不顾个人安危与得失，胸怀天下，肩挑道义，忧国忧民，追求“内圣而外王”。中国古代成人教育与成才教育是融合在一起的，德育融入一切形式的教育中，由此形成了重德的教育传统。中国人崇德明理，宋以后把“孝、悌、忠、信、礼、义、廉、耻”视为“八德”，形成了“讲仁爱、重民本、守诚信、崇正义、尚和合、求大同”的核心价值理念。中国人从阴阳的变化中，辩证思维，把握规律，寻求中道，形成了中华民族的处世智慧。在中国人看来，德性不仅是立身之本，也是幸福之源，德福一致的观念深入人心。中国人不管是处于顺境还是逆境，心中总会燃起不灭的火种，始终相信德性之光永存，只要不放弃，理想定能实现。中华传统美德在历史的进程中不断构筑时代的道德底线，慰藉人的心灵，给人们带来希望，是人类社会的宝贵精神财富。

## 四 坚定中华传统美德自信

中华传统优秀道德文化是人类文明发展的重要精神财富，是社会主义道德建设的源头活水。“今天，中华民族要继续前进，就必须根据时代条件，继承和弘扬我们的民族精神、我们民族的优秀文化，特别是包含其中的传统美德。”[①] 中华传统美德是中华民族的“根”和“魂”，无论时代如何发展，都要坚定对中华传统美德的自信。中华传统美德本身具有与时俱进、创造转化、沟通世界的特性，这是中华传统美德能够适应时代发展的优秀品质。坚定中华传统美德自信并非要刻板地、不分青红皂白地回归历史，坚持守正而不守旧、尊古而不复古是坚定中华传统美德自信的实践要求。

### （一）中华传统美德具有守正创新的底蕴

中华传统美德能够做到在世界上独树一帜，甚至成为一种文明形态，必有其质性规定。中华传统文化有一个共同的源头，那就是《易经》，并从中塑造了中华民族的思维方式。《周易》认为，客观世界中尽管充满了“变”，但“变”是有规律的，“变”的原因和根源也不在于“变”本身，而是有着其内在的根据，这些依据和规律就是“常”，它是客观存在的，是无所不在的“自然之道”。中华民族从阴阳的统一、对立和互化规律中把握世界发展的趋势，认为阴阳是各种事物孕育、发展、成熟、衰退直至消亡的原动力，是奠定中华文明逻辑思维基础的核心要素。从阴阳的变化规律中，中国人发展出了独具特色的“经权”思想。“经”为“常道”，“权”为“变易”，中国人心中有“道”、有天地、有敬畏，但是懂得变通，擅长从阴阳的变化中找到实现目标最合理的路径。中华民族先哲发现

① 《习近平谈治国理政》第一卷，外文出版社 2018 年版，第 181 页。

宇宙万象错综复杂，承认“变”是宇宙中的根本事实之一，而理路常在，变中有常，所以万变不离其宗。中华民族强调在经权中达到中庸的状态，千百年来，中华传统美德能够传承至今也是缘于此。不管时空如何转换，“经”让中华传统美德始终做到“守正”，“爱国”“敬业”“诚信”“友善”等传统美德始终是中华民族的共同价值追求；“权”让中华传统美德不断实现“创新”，不拘泥于古训，根据时代的发展，融合中国各民族道德文化，吸收各种外来文化的有益成分，不断展现生机和活力。中国传统文化把“创新”本身视为一种德性，认识到“日新之谓盛德”（《周易·系辞上》），提出“周虽旧邦，其命维新”（《诗经·大雅·文王》），倡导“苟日新，日日新，又日新”（《礼记·大学》），追求“青，取之于蓝而青于蓝”（《荀子·劝学》）。这种守正创新的文化基因，有助于中华民族在21世纪适应世情、国情变化，把中华传统美德传承好、弘扬好。有个例子能够很好地说明中华传统美德守正创新的底蕴和基因，就是中国民间一些地方的五字牌位由“天地君亲师”变为“天地国亲师”。不可否认，中国传统道德文化既有精华，也有糟粕。在对待传统道德的问题上，既要反对复古论，也要反对虚无论。时代不管如何变化，都割断不了道德的历史与发展的关系。同时，也不能故步自封，而是要让中华优秀道德文化展现出永久魅力和时代风采。中华传统美德为21世纪中国的道德建设提供了取之不尽、用之不竭的养料和资源，也为人类命运共同体的构建提供了宝贵的借鉴。当代中国道德自信的培育需要在去粗取精、去伪存真的基础上，守正创新，努力实现中华传统美德的创造性转化和创新性发展。

### （二）中华传统美德具有与时俱进的品质

中华传统道德文化是中华民族几千年灿烂历史文化的重要组成部分，其核心就是“道德”二字。中华传统美德能够绵延至今，一个重要原因就在于中华传统美德本身具有与时俱进的优秀品质，强调“经权”通达，而不因循守旧，能够适应时代发展的要求。在先秦时期，以孔孟“五伦”为标志，形成了“以人为本”的伦理道德观。儒家基于身份差异，构建了一整套等级治理的伦理体系。“五伦”指的是五种人伦关系，这是处理人与人之间关系的行为准则。孟子认为，在人伦关系中，每个人都应该恰如其分地做好自己的角色。“使契为司徒，教以人伦：父子有亲，君臣有义，夫妇有别，长幼有序，朋友有信。”（《孟子·腾文公上》）中国传统社会是农耕文明，以自给自足的小农经济为主，生产方式决定了中国传统社会的构成单位是“家庭”，而不是“个人”。到了宋代，以“八德”（孝、悌、忠、信、礼、义、廉、耻）为标志，形成了家庭本位道德观。“八德”对传统道德的继承和发展，一直影响到明清，以致影响到朝鲜、韩国等东亚各国。近代以后，孙中山、蔡元培立足中国，面对世界，顺乎历史潮流，调整了“孝”与“忠”，“家”与“国”的位置，提出了“忠、孝、仁、爱、信、义、和、平”新的“八德”，形成了国家本位道德观。从中华传统道德观的核心内容的发展来看，一方面在不断整合中华民族内部的各种道德主张和伦理诉求，另一方面也在不断吸收其他民族和宗教的道德文化。中国传统道德发展的历程表明，中华传统美德本身不是僵化的、一成不变的，是在不断发展的、与时俱进的，它具有不断适应时代发展的内在基因，所以，即使到了21世纪，中华传统美德依然能够焕发其生命力，依然在全球道德文化体系中具有一席之地。

### （三）中华传统美德具有融通世界的能力

从历史上看，中华传统美德一直是中外文明交流的重要内容，具有融通世界，为全球的发展贡献智慧的能力。中华传统美德对外交流过程中具有包容性、和平性、坚韧性等特点。中华传统美德贯通儒、释、道，是中华民族共同创造的文化形态，既能够沟通世界各大宗教，又能对话世俗世界。中华传统美德倡导包容各种文化，不排斥其他文明，理解世界各个国家和地区的道德文化，强调平等待人，即使在鼎盛时期也不仗势欺人。中华传统美德绵延五千年以上，韧性好，抗压能力强，别的道德文化很难与之相比。中华传统美德在历史长河中始终做到守正创新，探究规律，把握中道，理性思维和感性思维并用，能够做到紧跟时代。中华民族贡献给人类的智慧是全方位的，从物质到精神，从生产到生活，从政治到艺术，从宗教到民俗，都或多或少、或远或近地传播到海外，对世界各民族文化产生各方面影响。而其中蕴含的中国精神集中体现为中华传统美德。儒家倡导的“己所不欲，勿施于人”已成为全世界的道德金规则，《道德经》的智慧更是深刻地影响了世界。面对全球的环境危机、核战争威胁和科技风险，中华传统美德越来越受到世界的重视。中华民族重视整体利益，重视道德义务，强调责任奉献，让饱受极端个人主义伤害的西方社会看到了不一样的文明理路。中国人民推崇“仁爱”原则，注重以和为贵，倡导亲仁善邻、协和万邦，与世界其他民族在平等相待、互相尊重的基础上发展友好合作关系，让广大发展中国家感受到了尊严和尊重。中华传统美德在21世纪依然光芒万丈，“自强不息”“厚德载物”的理念是实现中华民族伟大复兴的内生动力，“道法自然”“天人合一”的理念是生态文明建设的顶级智慧，“天下为公”“大同世界”的理念是构建人类命运共同体的思想资源。中华传统美德可以为解决当代社会面临的道德困境提供重要启迪。

# 第三章 革命道德自信

中国革命道德是近代以来中国社会大变革的时代性成果，它的生成和发展是伦理道德领域的一次空前革命，标志着封建主义伦理道德体系的终结，开创了中国伦理道德发展的崭新阶段，具有不可磨灭的划时代意义。[①]中国革命道德是中华民族极其宝贵的精神财富，是当代中国时代精神的重要体现。“人民有信仰，国家有力量，民族有希望。”[②] 坚定道德自信，必须强化革命道德自信，传承和发展中国共产党领导人民在长期实践中形成的优良传统和革命道德。

## 一 革命道德的形成和发展

中国革命道德是中国共产党在领导中国革命、建设和改革过程中形成的道德规范体系。“中国革命道德是马克思主义指导中国革命实践的产物，它渗透了中国共产党人的政治理想，体现着共产党人的基本生活态度和行为规范，并深深地植根于中国革命和建设的伟大实践中。”[③] 革命道德萌芽于五四运动、建党初期和国民革命时期，初步形成于土地革命战争时期，成熟于抗日战争和解放战争时期，新中国成立后不断地完善和发展。

① 参见徐必珍《革命道德：中国伦理道德发展史上的丰碑》，《黄河科技大学学报》2000 年第 3 期。

② 《习近平谈治国理政》第三卷，外文出版社 2020 年版，第 33 页。

③ 罗国杰：《论“五四”以来的中国革命道德》，《高校理论战线》2000 年第 1 期。

## （一）革命道德的萌芽

五四运动、建党初期和国民革命时期是中国革命道德的萌芽期。“中国革命道德萌芽于1919年五四运动前后，发端于中国共产党成立以后的蓬蓬勃勃的伟大的工人运动和农民运动。”①

五四运动标志着中国新民主主义革命的开始。1840年以来，中国有识之士开始向西方学习。然而，学习英国君主立宪道路的维新变法失败了，学习法国、美国民主共和道路的辛亥革命也没有改变中国的命运。1917年俄国十月革命开辟了世界无产阶级社会主义革命的新时代。俄国革命的胜利让中国人重新看到了希望，五四运动让中国开始与马克思主义结缘。毛泽东认为：“五四运动是在当时世界革命号召之下，是在俄国革命号召之下，是在列宁号召之下发生的。”② 以李大钊、陈独秀为代表的中国先进分子接受了马克思主义，并开始在中华大地上传播马克思主义。李大钊的《我的马克思主义观》一文，全面阐述他对马克思主义的认识，系统地宣传了马克思主义。五四运动为中国共产党的成立做了重要的思想和理论准备。

马克思主义在中国的传播为革命道德的萌芽提供了理论指导。中国的马克思主义者很早就认识到了道德革命在整个革命事业中的重大意义。陈独秀说：“盖伦理问题不解决，则政治学术，皆枝叶问题，纵一时舍旧谋新，而根本思想，未尝变更，不旋踵而仍复旧观者，此自然必然之事也。”③ 青年毛泽东开始接受马克思主义，猛烈批判封建道德的“三纲五常”，也对资本家的利己主义持批判态度，指出“故凡有压抑个人、违背个性者罪莫大焉。故吾国之三纲，在所必去，而教会、资本家、君主、国家四者同为天下之恶魔也”④。青年毛泽东在接触到共产主义的书籍和了解到俄国革命的历史后，迅速地建立起了对马克思主义的信仰，从此以后“对马克思主义

---

① 罗国杰：《论“五四”以来的中国革命道德》，《高校理论战线》2000年第1期。

② 《毛泽东选集》第二卷，人民出版社1991年版，第699页。

③ 陈独秀：《宪法与礼教》，《新青年》第2卷，第3号。

④ 《毛泽东早期文稿》，湖南出版社1990年版，第151—152页。

的信仰就没有动摇过"[①]。李大钊、蔡和森、毛泽东、周恩来、朱德等一批有志之士毅然选择了马克思主义，树立了对共产主义的坚定信念，并以共产主义道德要求自己，成为中国革命道德萌芽的重要标志。

建党初期，中国共产党对党员标准就作了基本规定，其中最重要的就是要有坚定的革命信念，确立共产主义信仰，对党忠诚。1920 年 11 月，中国共产党上海发起组制定的《中国共产党宣言》，明确把确立共产主义的目标作为"收纳党员之标准"。1921 年 7 月，党的一大党纲明确规定："凡承认本党党纲和政策，并愿成为忠实的党员者，经党员一人介绍，不分性别、国籍，均可接收为党员，成为我们的同志。但在加入我们的队伍之前，必须与力图反对本党纲领的党派和集团断绝一切联系。"党员必须认同党的纲领和政策，不能有别的信仰，特别是在道德上要做到对党忠诚。党的二大规定，申请入党者必须"承认本党宣言及章程并愿忠实为本党服务"。这些规定奠定了中国共产党人革命道德的基本要求，对共产党员而言，首先要有坚定的共产主义信仰，并在行动上做到对党忠诚。1927 年 5 月，党章将入党标准进一步完善为："承认本党党纲及章程，服从党的决议，参加在党的一定组织中工作并缴纳党费。"在建党和第一次国内革命战争时期，中国共产党人根据当时的革命要求和实践提出了共产主义信仰、为民众的解放而奋斗、革命牺牲精神等一些初步的革命道德内容。为了实现救国救民的理想，中国共产党人做到了不怕困难，不怕牺牲，革命道德已经成了中国革命的强大动力。

### （二）革命道德的形成

中国革命道德初步形成于土地革命战争时期。1927 年大革命的失败使党的事业遭到了第一次严重的挫折，蒋介石背叛革命，对共产党和革命群众大开杀戒，全国处于一片血雨腥风之中。革命也是大浪淘沙，真金不怕火炼，越是白色恐怖，越能彰显共产党员道德品质的可贵之处，越是能体现革命道德的先进性。在革命道德的感召下，中国共产党人并没有向反动

---

① ［美］斯诺：《西行漫记》，生活·读书·新知三联书店 1979 年版，第 131 页。

势力屈服，而是前仆后继，视死如归，用鲜血推动中国革命继续前进。在这种异常复杂残酷的阶级斗争环境下，严格的纪律是党生存与发展的基本条件。为此，党的五大通过的《组织问题决议案》中强调，“党内纪律非常重要，但宜重视政治纪律”。《中国共产党第三次修正章程决案》规定：“严格党的纪律是全体党员及全体党部最初的最重要的义务。”严守党的纪律作为党对每个党员的基本要求通过党的文件被明确地提了出来，严守纪律成为革命道德的重要内容，成为衡量共产党员修养的重要体现。

1929 年 11 月，古田会议强调要着重从思想上建党，提出党员的五条标准：政治观念没有错误；忠实；有牺牲精神，能积极工作；没有发洋财的观念；不吃鸦片，不赌博。这五条标准可以说是共产党员革命道德要求的通俗表达，意味着中国共产党人开始认识到道德修养的重要性，逐渐形成了革命道德基本规范的雏形。

土地革命战争时期，先后形成了井冈山精神、苏区精神和长征精神，这三大精神都强调要依靠群众，为群众的利益服务，全体党员要“真心实意地为群众谋利益”，这是革命胜利的“真正的铜墙铁壁”。井冈山时期，毛泽东对人民军队提出了“三大纪律、六项注意”的要求，后来根据革命斗争的需要，发展成为“三大纪律、八项注意”。苏区时期，形成了有名的苏区干部好作风和苏区精神。苏区时期是中国共产党建军、建国的探索期，虽然其中有曲折甚至是失误，但是积累了经验，塑造展现了形象，赢得了群众发自内心的拥护支持。中国共产党的优良作风和群众路线，也正发轫于此。苏维埃的工作生活环境简朴清贫，党员干部却能始终保持昂扬斗志。毛泽东同志在此期间也写就了《关心群众生活，注意工作方法》一文，明确要求深刻地注意群众生活的问题，要使广大群众认识到中国共产党是代表人民群众的利益的，是和人民群众呼吸相通的。“自带干粮去办公”，彰显了苏区干部清苦廉洁的生活作风；“日着草鞋干革命”，彰显了苏区干部坚忍不拔的革命斗志；“夜打灯笼访贫农”，彰显了苏区干部深入调研的务实作风；“柴米油盐都想到，问寒问暖情义重”，则彰显了苏区干部一心为民的公仆情怀。苏区干部正是凭着崇高的革命理想、无畏的牺牲精神、鲜明的人民观点和清廉的自身形象，赢得了劳苦大众的真心爱戴和铁心跟随，进而打造了中国革命坚不可摧的“铜墙铁壁”。长征途中，中国共产党人爬雪山，过草地，历经千难万险，不怕牺牲、敢于胜利，顾全大局、严守纪律，坚忍不拔，自强不息，勇往直前。“这里我们可以看出，中国革命道德的核心已基本明确，同时，作为一个革命的战斗集体，强调每一个共产党人都要反对个人主义，弘扬集体主义精神。”① 土地革命战争时期，形成了不怕吃苦、不怕困难、不怕牺牲、艰苦奋斗、自力更生等革命道德规范体系，中国革命道德基本形成。

### （三）革命道德的成熟

1937 年，“七七事变”爆发后，中国开始全面抗战，党的队伍和革命的力量得到了迅速壮大。“为了保持革命队伍的纯洁性和党的无产阶级先锋队的性质，对党的干部和党员及革命军队进行思想品德教育成为这一时期党的工作的重要一环。”② 1935 年 12 月，瓦窑堡会议明确指出，“能否为党所提出的主张而坚决奋斗，是党吸收新党员的主要标准”。1939 年 5 月，陈云同志在《怎样做一个共产党员》的文章中，提出党员的六条标准：终身为共产主义奋斗；革命的利益高于一切；遵守党的纪律，严守党的秘密；百折不挠地执行决议；群众模范；学习。③ 1945 年 6 月，七大党章第一次规定了党员义务，即党员要努力提高思想觉悟，严格遵守党纪，为人民群众服务，在革命事业中起模范作用。能否以革命道德要求自己，是这一时期共产党员是否合格的重要标准。

在抗日战争和解放战争时期，中国共产党人开始系统性地思考和推进革命道德的建设，党的主要领导人撰写了一系列有重要影响的阐述革命道德的经典著作。毛泽东同志的《纪念白求恩》《为人民服务》、刘少奇同志的《论共产党员的修养》、周恩来同志的《我的修养要则》、陈云同志的《怎样做一个共产党员》等都是阐述革命道德要求的代表性成果。这些著

---

① 朱金瑞、单薇：《中国革命道德的形成论纲》，《河南社会科学》2001 年第 4 期。

② 张瑞敏：《“以德治国”：中国革命道德的张扬》，《中南民族学院学报》（人文社会科学版）2002 年第 3 期。

③ 参见安娜《中国共产党成熟的重要标志》，《新湘评论》2016 年第 12 期。

作集中论述了中国共产党的宗旨、立场和革命道德的主要规范。抗日战争时期，确立了中国革命道德的核心和原则，意味着中国革命道德作为一个完整的道德体系的成熟。为人民服务的道德核心、集体主义的道德原则和革命道德的基本规范，构成了一个完整的革命道德体系。

毛泽东的《为人民服务》，第一次从理论上深刻地阐明了中国革命道德的核心，是中国革命道德成熟的标志。《为人民服务》明确阐述了中国共产党的宗旨就是“为人民服务”；提出了“树立为人民利益而死，就比泰山还重”的生死观；明确了是非判断的标准，那就是“人民的利益是衡量对错的标准。要使我们的队伍兴旺起来，就必须从人民的利益出发，坚持好的，坚持对人民有益的；改正错的，改正对人民无益的”；倡导“互相关心，互相爱护，互相帮助”的道德规范要求。毛泽东在演讲中说：“我们的共产党和共产党所领导的八路军、新四军，是革命的队伍。我们这个队伍完全是为着解放人民的，是彻底地为人民的利益工作的。”[①] 全心全意为人民服务，一切从人民的利益出发，这是我们党一切工作的立足点和出发点。“应该使每个同志明了，共产党人的一切言论行动，必须以合乎最广大人民群众的最大利益，为最广大人民群众所拥护为最高标准。”[②] 因此，一个纯粹的共产党员应该是“毫不利己，专门利人”的人，只要能够做到了这一点，能够有这么一种精神，“就是一个高尚的人，一个纯粹的人，一个有道德的人，一个脱离了低级趣味的人，一个有益于人民的人”[③]。

刘少奇在《论共产党员的修养》中明确提出，党的利益高于一切，革命道德的原则只能是集体主义。刘少奇强调，每一个共产党员都要“毫不踌躇、毫不勉强地服从党的利益，牺牲个人利益……这就是共产主义道德的最高表现”[④]。1942 年开展的“延安整风”运动，通过对全体党员进行普遍的马克思主义理论和革命道德教育，让全党认识到了主观主义、教条

① 《毛泽东选集》第三卷，人民出版社 1991 年版，第 1004 页。
② 《毛泽东选集》第三卷，人民出版社 1991 年版，第 1096 页。
③ 《毛泽东选集》第二卷，人民出版社 1991 年版，第 660 页。
④ 《刘少奇选集》（上），人民出版社 1981 年版，第 131 页。

主义和宗派主义的危害，全面强化了中国共产党的理论修养和道德自觉，是中国共产党全面走向成熟的标志。在为延安中央党校题词时，毛泽东把"实事求是"作为党的高级干部培养的目标和要求，对共产党员、党的干部、一般干部的道德要求等都作了明确的规定。1945 年，毛泽东在党的七大开幕词中说："我们应该谦虚，谨慎，戒骄，戒躁，全心全意地为中国人民服务。"① 在党的七大政治报告《论联合政府》中，毛泽东强调要"全心全意地为人民服务，一刻也不脱离群众；一切从人民的利益出发，而不是从个人或小集团的利益出发；向人民负责和向党的领导机关负责的一致性；这些就是我们的出发点"②。毛泽东在党的七届二中全会上告诫全党："务必使同志们继续地保持谦虚、谨慎、不骄、不躁的作风，务必使同志们继续地保持艰苦奋斗的作风。"③ 由此，防腐拒变成为党执政后革命道德建设的新课题。革命道德的核心、原则的明确，其他革命道德规范的丰富发展，标志着中国革命道德已经成为一个代表广大人民群众利益和要求的完整的道德体系。

### （四）革命道德的发展

中华人民共和国成立后，革命道德进入了崭新的发展时期。全国性政权的建立为革命道德在全国各个领域发挥激励作用提供了条件，革命道德为中华人民共和国的建设发挥了重要作用。根据中华人民共和国成立后的实践，党和政府提出了一系列不同于战争年代的道德规范，主要包括：谦虚、谨慎、不骄、不躁，加强纪律性，勤俭建国，勤俭持家等。1949 年 9 月 21 日，中国人民政治协商会议第一届全体会议通过的具有临时宪法作用的《中国人民政治协商会议共同纲领》，第一次向全国人民提出了具体的思想道德建设目标，创造性地提出了新民主主义文化教育纲领，把"为工农服务"作为中华人民共和国成立初期教育方针的主要内容，树立"为人民服务"宗旨，并提出了"五爱"，即"爱祖国、爱人民、爱劳动、爱科

① 《毛泽东选集》第三卷，人民出版社 1991 年版，第 1027 页。
② 《毛泽东选集》第三卷，人民出版社 1991 年版，第 1094—1095 页。
③ 《毛泽东选集》第四卷，人民出版社 1991 年版，第 1438—1439 页。

学、爱护公共财物”的公德规范。中华人民共和国成立后，开始清除旧社会对学校的影响，建立全新的德育体系，革命道德教育成为学校德育的重要内容。教育部在1949年12月召开的中华人民共和国第一次全国教育工作会议上提出，教育必须为国家建设服务，学校必须向工农开门；学校安顿后的主要工作是在师生中有效地进行政治思想教育，使他们逐步建立革命的人生观。此后，“抗美援朝”战争中先后涌现出了大批的英雄模范人物，如黄继光、邱少云、杨根思等，战士们“一不怕苦、二不怕死”的革命精神成为赢得胜利的重要因素。

在社会主义建设时期，全国上下发扬革命精神，倡导革命道德，无数人一心为公，敬业奉献，艰苦奋斗，勤俭节约，取得巨大的成就，成功爆炸了第一颗原子弹和氢弹，发射了第一颗人造地球卫星。1963年3月，毛泽东同志号召全国人民向雷锋同志学习，雷锋精神成为社会主义建设时期革命道德的象征。1956年，“铁人”王进喜率队打出了大庆第一口油井，“铁人”精神彰显了中国人民的顽强意志和冲天干劲。焦裕禄为改变兰考面貌，虽身患肝癌，依旧忍着剧痛坚持工作，鞠躬尽瘁，铸就了“焦裕禄精神”。雷锋精神、“铁人”精神和焦裕禄精神成为社会主义新人的理想人格和党的干部的完美道德典范。革命道德为中国社会的全面进步提供了精神动力和思想保证。

改革开放后，随着经济体制的变革、社会结构的调整、利益关系的变化，人们的价值观念出现了多元化现象。是否需要继承和弘扬革命道德？革命道德是否还适应社会发展的需要？革命道德在中国特色社会主义道德体系中地位如何？这些都成为大家关心的话题。在此背景下，中国共产党在恢复、继承革命道德的同时，根据改革开放和社会主义现代化建设的实际，使革命道德也得到了新的发展和完善。邓小平同志提出了社会主义精神文明是社会主义的重要特征这一理论命题，并明确指出社会主义精神文明建设的根本任务是培养有理想、有道德、有文化、有纪律的社会主义新人，以提高整个中华民族的道德素质和科学文化素质。1980年5月26日，邓小平同志为《中国少年报》和《辅导员》杂志题词：“希望全国的小朋友，立志做有理想、有道德、有知识、有体力的人，立志为人民做贡献，为祖国做贡献，为人类做贡献。”① 在当年底召开的中央工作会议上讲话时，邓小平同志再次进行了强调。②

中共十四届六中全会专门通过了《中共中央关于加强社会主义精神文明建设若干重要问题的决议》，这是中国共产党历史上第一个明确对道德体系进行表述的决议，对革命道德发展的新阶段——社会主义道德体系作了系统的表述：“以为人民服务为核心，以集体主义为原则，以爱祖国、爱人民、爱劳动、爱科学、爱社会主义为基本要求，开展社会公德、职业道德、家庭美德教育，在全社会形成团结互助、平等友爱、共同前进的人际关系。”“这是对革命道德的继承，也是对革命道德的最新发展，充分体现了群众性、先进性、民族性、实践性与科学性的统一。”③

21 世纪以来，党和政府高度重视传承革命道德。2001 年 9 月，中共中央印发《公民道德建设实施纲要》。《公民道德建设实施纲要》强调要继承中华民族几千年形成的传统美德，发扬我们党领导人民在长期革命斗争与建设实践中形成的优良传统道德，提出在全社会大力倡导“爱国守法、明礼诚信、团结友善、勤俭自强、敬业奉献”的基本道德规范，同时大力倡导共产党员和各级干部带头实践社会主义、共产主义道德，引导人们在遵守基本道德规范的基础上，不断追求更高层次的道德目标。

中国特色社会主义进入新时代后，“崇尚英雄、尊重模范、学习先进成为风尚，民族自信心、自豪感大大增强，人民思想觉悟、道德水准、文明素养不断提高，道德领域呈现积极健康向上的良好态势。”④ 2013 年 1 月，习近平总书记提出合格党员的四条标准：坚持全心全意为人民服务的根本宗旨；吃苦在前、享受在后；勤奋工作、廉洁奉公；为理想而奋不顾身去拼搏、去奋斗、去献出自己的全部精力乃至生命。2019 年 9 月 3 日，习近平总书记在秋季学期中央党校中青年干部培训班开班式上发表重要讲

① 转引自李海秀《红领巾为国旗增辉——少先队建队 60 年综述》，《光明日报》，2009 年 10 月 13 日第 6 版。

② 参见《邓小平文选》第二卷，人民出版社 1994 年版，第 369 页。

③ 朱金瑞、单薇：《中国革命道德的形成论纲》，《河南社会科学》2001 年第 4 期。

④ 《新时代公民道德建设实施纲要》，《人民日报》2019 年 10 月 28 日第 1 版。

话，强调广大干部特别是年轻干部要经受严格的思想淬炼、政治历练、实践锻炼，发扬斗争精神，增强斗争本领，为实现“两个一百年”奋斗目标、实现中华民族伟大复兴的中国梦而顽强奋斗。面对当今世界百年未有之大变局，习近平总书记深刻总结马克思主义产生和发展、社会主义国家诞生和发展的斗争历程，深刻总结我们党在斗争中诞生、在斗争中发展、在斗争中壮大的恢宏实践，强调新时代的干部发扬斗争精神、增强斗争本领的重大意义，从坚定斗争意志、把准斗争方向、明确斗争任务、掌握斗争规律、讲求斗争方法等方面，科学回答了新时代的干部发扬斗争精神、增强斗争本领的重大理论和实践问题。

2019 年 10 月，中共中央、国务院印发了《新时代公民道德建设实施纲要》。《新时代公民道德建设实施纲要》指出：“中国共产党领导人民在革命、建设和改革历史进程中，坚持马克思主义对人类美好社会的理想，继承发扬中华传统美德，创造形成了引领中国社会发展进步的社会主义道德体系。”① 然而，革命道德的伟大力量将永放光芒，不断激励中国共产党和中国人民勇毅前行。所以，《新时代公民道德建设实施纲要》强调：“坚持在继承传统中创新发展，自觉传承中华传统美德，继承我们党领导人民在长期实践中形成的优良传统和革命道德，适应新时代改革开放和社会主义市场经济发展要求，积极推动创造性转化、创新性发展，不断增强道德建设的时代性实效性。”②

## 二 革命道德的规范体系

革命道德的主要规范是为人民服务道德核心和集体主义道德原则的具体化。中国革命道德规范涉及方方面面，是一个内涵广泛的体系，这个规范体系为中国共产党人和全体革命者提供了行为准则。革命道德的主要规范包括以下内容。

---

① 《新时代公民道德建设实施纲要》，《人民日报》2019 年 10 月 28 日第 1 版。
② 《新时代公民道德建设实施纲要》，《人民日报》2019 年 10 月 28 日第 1 版。

### （一）坚持为实现社会主义和共产主义理想而奋斗

列宁指出："为巩固和完成共产主义事业而斗争，这就是共产主义道德的基础。"① 坚定的社会主义和共产主义理想，是革命道德的灵魂。无数的革命先烈，正是为了实现这样一个崇高的理想，才能做到不怕流血、不怕牺牲，毫不犹豫地献出了自己的生命。夏明翰在《就义诗》中写下"砍头不要紧，只要主义真。杀了夏明翰，还有后来人"的豪言壮语。方志敏在《可爱的中国》中发出"敌人只能砍下我们的头颅，决不能动摇我们的信仰"的坚定誓言。革命先烈们之所以能够排除万难、坚持斗争、无私无畏、不怕牺牲，就是因为他们有坚定的社会主义、共产主义的理想和信念。革命年代，共产党员随时都会有牺牲的危险，没有坚定的社会主义和共产主义理想信念，是无法坚持革命的。

坚持为实现社会主义和共产主义理想而奋斗，是中国革命道德规范的最高层次的要求，是优秀的中国共产党人所一贯遵循的道德准则。共产党人从不隐瞒自己的理想，革命的目标是明确的，也是公开的。"我们共产党人从来不隐瞒自己的政治主张。我们的将来纲领或最高纲领，是要将中国推进到社会主义社会和共产主义社会去的，这是确定的和毫无疑义的。"② 之所以说"坚持为实现社会主义和共产主义理想而奋斗"是中国革命道德规范的最高层次的要求，乃是因为舍弃了理想信念，其他革命道德规范将变得毫无意义。共产党人也认识到了革命的困难，所以强调要为社会主义、共产主义奋斗终生。毛泽东说："永久奋斗，就是要奋斗到死。这个永久奋斗是非常要紧的，如要讲道德就应该讲这一条道德……有一些人，他们嘴上道德、气节乱喊一阵，但在政治上是不坚定的，中途会变节的，这是无道无德。"③

"坚持为实现社会主义和共产主义理想而奋斗"这一规范从理想、信念、意识方面，从理想与现实辩证统一的角度，指导社会主义革命和建设，调整

---

① 《列宁选集》第四卷，人民出版社 2012 年版，第 292 页。

② 《毛泽东选集》第三卷，人民出版社 1991 年版，第 1059 页。

③ 《毛泽东文集》第二卷，人民出版社 1993 年版，第 191 页。

人们的行为和社会生活，并对道德的发展方向提出了明确的要求。历史已经证明，只有社会主义才能够救中国和发展中国，这就决定了“坚持为实现社会主义和共产主义理想而奋斗”这一规范的重要性。“坚持为实现社会主义和共产主义理想而奋斗”不仅是社会主义革命的道德要求，也是社会主义建设的道德要求。改革开放之初，有人对社会主义道路提出疑问，邓小平明确予以了回击：“人们提出这样一个问题，如果中国不搞社会主义，而走资本主义道路，中国人民是不是也能站起来，中国是不是也能翻身？让我们看看历史吧……中国搞资本主义不行，必须搞社会主义。如果不搞社会主义，而走资本主义道路，中国的混乱状态就不能结束，贫困落后的状态就不能改变。所以，我们多次重申，要坚持马克思主义，坚持走社会主义道路。”① 邓小平一针见血地指出：“整个帝国主义西方世界企图使社会主义各国都放弃社会主义道路，最终纳入国际垄断资本的统治，纳入资本主义的轨道。现在我们要顶住这股逆流，旗帜要鲜明。因为如果我们不坚持社会主义，最终发展起来也不过成为一个附庸国，而且就连想要发展起来也不容易。现在国际市场已经被占得满满的，打进去都很不容易。只有社会主义才能救中国，只有社会主义才能发展中国。”②

### （二）坚持把革命利益放在首位

革命道德是为革命服务的，在革命年代的目标就是要实现革命的胜利。“坚持把革命利益放在首位”就是为了保证革命的胜利而对革命者在处理革命利益和个人利益的关系时提出的道德要求。近代中国社会的性质和主要矛盾，决定了中国革命的对象是帝国主义、封建主义和官僚资本主义，它们是压在中国人民头上的三座大山。中国革命的敌人异常强大且残忍，为了实现革命的胜利，必须集中全部的革命力量，爆发出最大的革命能量，方有可能达到革命的目的。这就要求革命者正确处理革命利益和个人利益的关系，时刻把革命利益放在首位，一切服从革命的需要。

---

① 《邓小平文选》第三卷，人民出版社 1993 年版，第 62—63 页。

② 《邓小平文选》第三卷，人民出版社 1993 年版，第 311 页。

革命道德要求以革命利益为第一生命。1937年，毛泽东在《反对自由主义》中说："一个共产党员，应该是襟怀坦白，忠实，积极，以革命利益为第一生命，以个人利益服从革命利益；无论何时何地，坚持正确的原则，同一切不正确的思想和行为作不疲倦的斗争，用以巩固党的集体生活，巩固党和群众的联系；关心党和群众比关心个人为重，关心他人比关心自己为重。这样才算得一个共产党员。"① 1945年，毛泽东在《论联合政府》中再次强调："以中国最广大人民的最大利益为出发点的中国共产党人，相信自己的事业是完全合乎正义的，不惜牺牲自己个人的一切，随时准备拿出自己的生命去殉我们的事业，难道还有什么不适合人民需要的思想、观点、意见、办法，舍不得丢掉的吗?"② 刘少奇在《论共产党员的修养》中说："党的利益高于一切，这是我们党员的思想和行动的最高原则。根据这个原则，在每个党员的思想和行动中，都要使自己的个人利益和党的利益完全一致。在个人利益和党的利益不一致的时候，能够毫不踌躇、毫不勉强地服从党的利益，牺牲个人利益。为了党的、无产阶级的、民族解放和人类解放的事业，能够毫不犹豫地牺牲个人利益，甚至牺牲自己的生命，这就是我们党说的'党性'或'党的观念'、'组织观念'的一种表现。这就是共产主义道德的最高表现，就是无产阶级政党原则性的最高表现，就是无产阶级意识纯洁的最高表现。"③

为革命利益而奋斗是共产党人和革命者处理利益关系的基本准则。在个人利益与革命利益发生矛盾时，要"以革命利益为第一生命，以个人利益服从革命利益"④。正如邓小平所说："为了国家和集体的利益，为了人民大众的利益，一切有革命觉悟的先进分子必要时都应当牺牲自己的利益。"⑤ 始终把革命利益放在首位，极大地激发了革命者为集体而献身的斗志，使革命队伍形成了前所未有的向心力和凝聚力，也使革命事业不断蓬

---

① 《毛泽东选集》第二卷，人民出版社1991年版，第361页。
② 《毛泽东选集》第三卷，人民出版社1991年版，第1096—1097页。
③ 《刘少奇选集》(上)，人民出版社1981年版，第130—131页。
④ 《毛泽东选集》第二卷，人民出版社1991年版，第361页。
⑤ 《邓小平文选》第二卷，人民出版社1994年版，第337页。

勃向前发展。“全党同志一定要永远与人民同呼吸、共命运、心连心，永远把人民对美好生活的向往作为奋斗目标。”① 当然，中国革命道德在要求一切革命者和先进分子自觉地以个人利益服从革命利益的同时，并非不顾及个人的合理利益，也要求革命的集体和领导始终不渝地从各个方面照顾每个革命成员的个人利益，关心他们的事业成就和个人的全面发展。

### （三）坚持爱国主义

爱国主义长期以来是中国人民团结奋斗的一面旗帜。中国共产党领导人民闹革命，从一开始就不是为了个人利益，而是为了国家利益、民族利益和人民利益，这就决定了中国革命必须坚持爱国主义。“爱国主义是中国革命道德的重要规范，是中国共产党领导人民进行革命和建设的一面旗帜。争取民族独立，捍卫国家主权，是爱国主义在处理国家、民族对外关系方面的体现；加强民族团结，维护祖国统一，是爱国主义在处理国家内部各民族间关系时的道德准则；坚持社会主义方向，建设社会主义祖国，是爱国主义这一规范的根本特征和最高要求。”② 革命过程中，面对帝国主义的侵略，坚持爱国主义才能明辨是非，站稳革命立场。一旦背离爱国主义的道德要求，就意味着背叛祖国。

“坚持爱国主义”这一革命道德规范具有深厚的中华文化底蕴。在中华民族的历史上，最具有凝聚力和向心力的就是爱国主义的情感。中华文明是农耕文明，有着天然的土地情结，面对外敌入侵时，唯有发扬爱国精神，保家卫国，才能守住赖以生存的家园。中国历史上最受人敬仰就是爱国情、报国志、爱国行，为国牺牲的英雄万世流芳，背叛祖国之人被人唾弃。千百年来，尽管不同时代的爱国主义有着不同的内涵，但是维护民族的尊严和国家主权却是我们一贯的光荣传统。“中国革命道德深深植根于中华民族文化的土壤之中，是中华民族精神的集中体现，同时，又是对中国古代优秀传统伦理文化的批判继承与质的超越，可以

---

① 《习近平谈治国理政》第三卷，外文出版社 2020 年版，第 1—2 页。

② 乔法容、王东媄：《“五四”以来的中国革命道德规范研究》，《高校理论战线》2000 年第 3 期。

说，这是中华民族对全人类文明做出的贡献。中国人民应该备加珍惜这笔宝贵的精神财富。”① 近代以来，爱国精神融入了革命者的血脉，成为革命取得成功的重要保证。毛泽东说：“我们中华民族有同自己的敌人血战到底的气概，有在自力更生的基础上光复旧物的决心，有自立于世界民族之林的能力。”②

中国现代人民民主革命是以爱国主义为开端的。五四运动本质上是一场反帝反封建的爱国民主运动。自鸦片战争以来，一大批先进的中国人走上革命的道路，特别是走上人民民主革命和社会主义革命的道路，最初的动因，就是爱国爱民、救国救民。中国共产党在革命实践中，既继承发扬了历史上的爱国主义传统，又克服和超越了传统爱国主义历史的阶级的局限性，自觉地把热爱祖国同中华民族的彻底解放、祖国的独立富强和人类进步事业的远大理想统一起来，使爱国主义成为最富有时代精神的道德规范。“中国共产党人，是最坚定、最彻底的爱国主义者。中国共产党的爱国主义，是中华民族、中国人民爱国主义的最高风范。”③

爱国主义是一个历史范畴，不同的历史时期有不同的要求。作为中国革命道德规范的爱国主义，在新民主主义革命时期，爱国主义要求投身抗击外国侵略，争取民族独立，建立中华人民共和国；中华人民共和国成立后，爱国主义要求维护祖国统一，投身建设中国特色社会主义。“在当代中国，爱国主义与社会主义本质上是一致的，建设有中国特色社会主义是新时期爱国主义的主题。”④ 爱国的具体要求与国家的使命密不可分，与民族的理想紧密相关。“坚持爱国与爱社会主义、爱共产主义的统一，是这一规范的典型特征，从而区别于其他类型的爱国主义。个人利益服从于祖国、民族利益，为维护祖国利益勇于牺牲个人利益，是集体主义原则在爱

① 乔法容、王东虓：《“五四”以来的中国革命道德规范研究》，《高校理论战线》2000 年第 3 期。

② 《毛泽东选集》第一卷，人民出版社 1991 年版，第 161 页。

③ 中共中央文献研究室编：《毛泽东邓小平江泽民论世界观人生观价值观》，人民出版社 1997 年版，第 588 页。

④ 中共中央文献研究室编：《十四大以来重要文献选编》（上），人民出版社 1996 年版，第 921—922 页。

国主义这一道德规范中的具体展现。”① 在中国特色社会主义新时代，爱国、爱党和爱社会主义三者高度统一，要坚定维护祖国统一和民族团结、尊重和传承中华民族历史和文化，投身中国式现代化建设，为实现中华民族伟大复兴而不懈奋斗。所以说，爱国是具体的而不是抽象的，爱什么国和立什么国紧密相连，归根到底，爱国动机和爱国措施在道德上的高下之分，取决于是站在人民大众的立场上还是站在少数剥削阶级的立场上。习近平总书记强调：“一个人不爱国，甚至欺骗祖国、背叛祖国，那在自己的国家、在世界上都是很丢脸的，也是没有立足之地的。对每一个中国人来说，爱国是本分，也是职责，是心之所系、情之所归。”②

### （四）坚持服务人民群众

中国革命道德的核心就是为人民服务，坚持服务人民群众是中国革命道德在处理与人民群众关系时的重要道德规范。作为中国共产党在中国革命实践中的一个伟大创造，坚持服务人民群众对中国的革命、建设和改革事业，产生了极其重大的推动作用。中国革命道德从一开始就特别强调要为群众服务、为大众谋幸福、为人民利益献身，并认为这是对一切革命人士和先进分子的要求。在土地革命时期，针对部队一些损害群众利益的现象，就明确提出了要服务人民群众，维护人民群众的利益。1927 年 9 月，毛泽东领导湘赣边界秋收起义部队在三湾时，正是当地红薯收获季节。在初次助民劳动中，有的官兵吃老乡的红薯，老乡对此有意见。针对这种情况，毛泽东给部队规定了不拿老百姓一块红薯的纪律。毛泽东在纪念革命战士张思德时，明确把“为人民服务”作为对张思德及一切革命者崇高品质的概括，强调要彻底地为人民的利益工作。关心人民、爱护人民和同情人民是革命者所特别重视的革命品格。

是否“为人民服务”，是区别革命道德和一切剥削阶级道德的根本分界线。坚持服务人民群众明确了中国革命道德的基本立场，旗帜鲜明地与

---

① 乔法容、王东娥：《“五四”以来的中国革命道德规范研究》，《高校理论战线》2000 年第 3 期。

② 《习近平谈治国理政》第三卷，外文出版社 2020 年版，第 334 页。

剥削阶级的道德体系划清了界限。“人民立场是中国共产党的根本政治立场，是马克思主义政党区别于其他政党的显著标志。”[①] 对于中国共产党而言，坚持为人民群众服务的道德要求，已经印染在每一个革命者的内心深处。毛泽东在革命生涯中，曾经在不同时期、不同场合多次题写“为人民服务”。1944 年9 月8 日，毛泽东在延安枣园操场上同中共中央直属机关和中央警卫团的千余名官兵一起，为张思德召开追悼会，毛泽东作了题为“为人民服务”的演讲，亲笔题写了“向为人民利益而牺牲的张思德同志致敬”的挽词，并高度赞扬了张思德完全、彻底为人民服务的崇高思想境界和革命精神。1944 年11 月 15 日，毛泽东为邹韬奋题写了挽词：“热爱人民，真诚地为人民服务，鞠躬尽瘁，死而后已，这就是邹韬奋先生的精神，这就是他之所以感动人的地方。”[②] 1945 年 9 月 20 日，毛泽东在重庆谈判时，外勤记者张蓬舟提出让毛泽东为报馆职工题词的请求，他当场题写了“为人民服务”五个大字。1950 年初，毛泽东在出访苏联期间，接见革命烈士郭亮之子郭志成时，在郭志成的笔记本上写下了“为人民服务”五个大字。1960 年冬，曾在毛泽东身边做过保卫工作的杨颖出差来到北京，毛泽东写下了“实事求是，努力为人民服务”送他留作纪念。1965 年 5 月，毛泽东为湖南省委接待处工作人员郭国群题词“加强学习，力求进步，好好为人民服务”。这些题词反映了中国共产党对于坚持服务人民群众的执着信念，凸显了中国革命道德的崇高价值追求。正是因为在革命年代始终坚持服务人民群众，中国革命才能得到人民群众的支持。淮海战役期间，500 多万翻身农民组成支前民工，80 多万小推车为战役的胜利提供了强大的支撑。所有这些都生动地诠释了中国共产党代表谁、为了谁、依靠谁的根本问题。我们党在革命、建设、改革各个历史时期，始终坚持全心全意为人民服务的根本宗旨，始终维护人民群众的根本利益，从而始终得到人民群众的拥护和支持，推动党的事业不断蓬勃发展。

---

① 《习近平谈治国理政》第二卷，外文出版社 2017 年版，第 40 页。

② 韩振峰：《“为人民服务”考略》，《光明日报》2011 年 11 月 2 日第 11 版。

### （五）坚持实事求是

实事求是是马克思主义的思想路线，也是中国革命道德的基本准则。毛泽东指出："'实事'就是客观存在着的一切事物，'是'就是客观事物的内部联系，即规律性，'求'就是我们去研究。"[①] 邓小平同志讲："实事求是，一切从实际出发，理论联系实际，坚持实践是检验真理的标准，这就是我们党的思想路线。"[②] 习近平总书记在纪念毛泽东诞辰120周年座谈会上指出："实事求是，是马克思主义的根本观点，是中国共产党人认识世界、改造世界的根本要求，是我们党的基本思想方法、工作方法、领导方法。不论过去、现在和将来，我们都要坚持一切从实际出发，理论联系实际，在实践中检验真理和发展真理。"[③] 实事求是，既是中国共产党的思想路线，又是中国共产党党员干事、做人的重要道德准则，也是中国共产党的优良作风。坚持实事求是"这一规范集中体现了中国共产党无私无畏的高尚品格和博大胸怀，说明了党是一个伟大的党、光荣的党、正确的党。这正是中国革命和建设永远立于不败之地的根本所在"[④]。中国革命能够取得成功就在于能够坚持实事求是，做到从中国的国情出发，而不是从教条出发。中国共产党从中国实际出发的由农村包围城市的革命道路打破了城市中心论的教条束缚，并确立了实事求是的思想路线，从此也把实事求是作为评价党员干部道德修养的标准之一。由于受到各种条件的限制，做到实事求是并不是一件容易的事情，能够坚持实事求是是党员干部长期道德修养的结果，是党员干部达到一定道德境界的体现。所以，"各级领导干部要带头调研、经常调研，扑下身子，沉到一线，全面了解情况，深入研究问题，把准事物的本质和规律，找到破解难题的办法和路径"[⑤]。

---

① 《毛泽东选集》第三卷，人民出版社1991年版，第801页。

② 《邓小平文选》第二卷，人民出版社1994年版，第278页。

③ 习近平：《在纪念毛泽东同志诞辰120周年座谈会上的讲话》，人民出版社2013年版，第15页。

④ 乔法容、王东娥：《"五四"以来的中国革命道德规范研究》，《高校理论战线》2000年第3期。

⑤ 《习近平谈治国理政》第三卷，外文出版社2020年版，第500页。

实事求是作为一条重要的道德规范，它的基本要求是一切从实际出发，从中国的国情出发，做到注重实践，坚持真理，不断修正错误。邓小平同志这样总结我们党的历史："过去我们搞革命所取得的一切胜利，是靠实事求是；现在我们要实现四个现代化，同样要靠实事求是。"① 实事求是是无产阶级世界观的基础，是马克思主义的思想基础。革命道德规范本身应该建立在唯物主义的科学态度之上，否则，将会失去它的生命力。实事求是体现了中国共产党人的无私品质和宽广的胸怀，是革命信仰在思想路线上的力量展现。"没有调查，就没有发言权。"习近平总书记强调："要实事求是，有一是一，有二是二，既报喜又报忧，特别要力戒形式主义、官僚主义，坚决反对在调查研究中走马观花、浅尝辄止、一得自矜、以偏概全，草率地下结论、做判断。"② 坚持实事求是，就是坚持真理，才能够正确地制定党的方针和政策，才能使得各项工作符合规律，减少障碍和阻力。做到实事求是，从实际出发，而不是从别的出发，才能切实维护人民群众的利益，而不是损害人民群众的利益。

### （六）坚持树立社会新风，建立新型人际关系

任何道德规范都要面向生活实践。树立社会新风，建立新型人际关系，体现了中国革命道德在社会生活层面上的要求。中国封建社会时间长，封建主义道德有精华，也有糟粕。中国封建社会以"三纲五常"为基本道德原则，形成了带有人身依附性质的不平等的人际关系，并产生了一些落后、陈腐、荒诞、丑陋的社会旧习。裹脚、长辫、赌博、抽鸦片、嫖妓、阴婚、包办婚姻、一夫一妻多妾制、贞操道德绑架等社会陋习严重影响社会的发展和进步。树立社会新风，建立新型人际关系，是革命道德的重要使命。中国革命道德要求打破等级制度，破除了等级观念和特权思想，摒弃了鄙视劳动和劳动人民的旧道德观念，树立了平等意识，保护了妇女、儿童和老人的合法权益，引导建立新型家庭关系和培育良

---

① 《邓小平文选》第二卷，人民出版社1994年版，第143页。

② 《习近平谈治国理政》第三卷，外文出版社2020年版，第500页。

好家风，对于提升人民群众的文明水准和道德风貌，树立社会新风尚，发挥了重要的作用。

中国要取得革命的胜利，要推进社会主义建设事业，必须革陋习树新风。“树立社会主义新风，建立新型人际关系，是中国革命道德规范中的一个特殊道德要求。”① 社会风尚是一个社会及其全体国民文明水准、精神状态、行为方式、价值观念、道德面貌的综合显示。它渗透于社会生活的各个领域，潜移默化地影响每一个人的行为。“用中国革命道德破除陈规陋习，整肃社会风气，提倡文明、健康、科学的生活方式，树立社会主义新风，既是一个社会不断进步的要求，也是革命道德的历史使命。”② 中国革命道德通过树立社会主义新风，建立新型人际关系，逐渐把长期有着封建传统的旧中国改变为文明的中华人民共和国。最典型的进步就是中国妇女地位的提高，在旧中国“夫为妻纲”，妇女从属于男子，妇女在社会上地位不高。中华人民共和国成立后，开展妇女解放运动，保障妇女权利，使得妇女成了“半边天”。“在家庭关系、家庭伦理文化建设上，革命道德与封建传统道德有截然不同的要求。中国革命道德提倡婚姻自由、夫妻平等；尊老爱幼，家庭和睦；严格要求子女亲属，特别是领导干部，更要从严要求，以老一代无产阶级革命家为楷模，树革命家风。”③ 中国革命道德倡导在社会生活中人与人之间团结互助、平等友爱、诚实守信、尊老爱幼、家庭和睦、家教严格的道德风尚，有力地促进了社会的进步。

### （七）坚持修身自律

修身自律，保持节操，是中国革命道德在个人道德修养方面的重要准则。共产党人把加强个人道德修养看成影响革命成败的大事，因而践履中国革命道德的重要环节就是共产党人修身自律、保持节操。具体来说，就

① 乔法容、王东虓：《“五四”以来的中国革命道德规范研究》，《高校理论战线》2000年第3期。

② 乔法容、王东虓：《“五四”以来的中国革命道德规范研究》，《高校理论战线》2000年第3期。

③ 乔法容、王东虓：《“五四”以来的中国革命道德规范研究》，《高校理论战线》2000年第3期。

是要以中国革命事业为重，严于律己，谦虚谨慎；淡泊名利，清正廉洁；襟怀坦白，光明磊落；始终保持高风亮节，展现出高尚的人格力量。中国共产党人的修身自律在中国革命和建设中发挥出巨大的作用。中国共产党作为工人阶级的先锋队，要发挥模范带头作用，只有做到修身自律，其言行才能让群众信服，从而领导人民群众取得革命的胜利。共产党员要在改造社会的革命实践中自觉改造自己，提高自己的道德修养，才能在改造社会中发挥带头和引领作用。

中国革命道德要求共产党人重视自身的道德修养。在中国传统道德中，个人修养是齐家、治国、平天下的根本。中国革命道德继承了这份宝贵遗产，但不同的是，以中国共产党人为代表的革命者，把个人修养同革命事业的成败联系在一起，把修养同无产阶级群众的实践活动结合起来，从而使这一规范具有了全新的内容。修身自律之所以重要，是因为共产党员的一言一行，不仅是党员个人问题，而且还关系人民群众的利益问题，不自律的后果往往是损害人民群众的利益。许多中国共产党人和革命者，就是实践修身自律的典范。毛泽东同志曾为自己定下三不原则：恋亲，但不为亲徇私；念旧，但不为旧谋利；济亲，但不以公济私。《论共产党员的修养》是刘少奇同志论述共产党员党性锻炼和修养的著作。《论共产党员的修养》一书在中国共产党历史上第一次系统地论述了共产党员的修养问题，明确地提出了共产党员要增强道德修养的目标和基本要求，要求共产党员时刻摆正个人利益与党的利益、人民利益的关系，时刻坚守修身自律的革命道德规范。

### （八）坚持热爱劳动

热爱劳动，忠于职守，是中国革命道德中的一个重要规范，也是革命道德区别于剥削阶级道德的显著特征。历史上，鄙视劳动，鄙视劳动人民，是一切剥削阶级共同的道德观念。以中国共产党人为代表的革命者，在同剥削制度的斗争中，高举劳动光荣、劳动人民创造历史的大旗，将劳动的道德价值提高到前所未有的高度。马克思主义强调，生产劳动是人类社会赖以生存和发展的基础，是人类最基本的实践活动。阶级社会中，剥削阶级鄙视劳动者，把劳动者视为剥削和压迫的对象。革命道德强调，劳动创造财富，劳动者最光荣，劳动是实现人自由全面发展的重要因素。马克思说："体力劳动是防止一切社会病毒的伟大的消毒剂。"[①] 在资本主义社会，资本家积累财富的秘密就在于剥削了工人的劳动。社会主义革命就是要通过建立新的所有制，形成合理的劳动关系，让劳动真正成为实现自我的方式。对待劳动的态度直接反映了个人的价值取向，中国共产党人必然成为热爱劳动的表率。热爱劳动意味着愿意跟劳动人民在一起，把自己看成劳动人民中的一员，并与劳动人民同甘共苦。

忠于自己的工作岗位，不怕辛苦，出色地完成各项任务，是热爱劳动的基本要求。热爱劳动这一规范强调劳动光荣，尊重劳动，热爱劳动人民，谴责一切好逸恶劳、不劳而获的腐朽思想。中华民族自古就是勤劳的民族，热爱劳动是传统美德，但在封建社会，辛勤劳动往往是底层人民谋生的手段，每天辛苦的劳作并未改变底层人民的命运。中国共产党在革命过程中，破除了轻视劳动人民的观念，劳动人民翻身作主人，真正让劳动的价值得以实现。中国共产党的领导人都是热爱劳动的典范，毛泽东出身于农家，一生简朴，以身作则。在延安时，他同指战员们一道，亲自动手，挖地、浇水、施肥、种地，不贪图个人享受。《朱德的扁担》是一个家喻户晓的故事，一直被人们传颂着，教育和鼓舞了一代又一代人。周恩来同志始终坚持人民利益高于一切，把自己看成人民的"总服务员"。正如毛泽东所说："社会主义制度的建立给我们开辟了一条到达理想境界的道路，而理想境界的实现还要靠我们的辛勤劳动。"[②] 热爱劳动让中国共产党与人民群众融为一体，使得中国革命和建设克服了一个又一个困难，为中国革命和建设提供了不竭的动力。社会主义制度建立以后，劳动人民从政治上、经济上真正实现当家作主，热爱劳动成为社会主义社会最崇高的美德之一。

---

① 《马克思恩格斯全集》第 31 卷，人民出版社 1972 年版，第 538 页。

② 《毛泽东文集》第七卷，人民出版社 1999 年版，第 226 页。

## 三 革命道德的历史地位

近代以来，面对中国传统伦理文化和西方近代伦理文化的双重危机，中国的先进分子开始学习和传播马克思主义，并最终为中国找到了一条救亡图存之路。革命道德就是中国人救亡图存的实践结晶，是马克思主义伦理学立足中华优秀传统文化、批判西方资本主义伦理思想并成功实现中国化的产物。

### （一）革命道德是马克思主义伦理学中国化的光辉成果

马克思主义伦理学探究人类社会道德及其发展规律，是马克思主义哲学的重要组成部分。马克思主义伦理学是时代道德精神的精华，是无产阶级和广大劳动人民争取自身解放和人类解放的指路明灯，是追求和创造美好社会与生活的思想武器，体现着科学性与革命性、理想性与现实性的有机统一。马克思主义伦理学批判地继承了人类伦理思想史上一切有价值的成果，特别是英法唯物主义的伦理学说和德国古典伦理学的积极成果，结合无产阶级阶级斗争的实践而予以创造性地阐释论证，从而建立起崭新的伦理思想体系。在《青年选择职业时的考虑》一文中，马克思表达了为全人类献身的崇高志向，提出了自己的幸福观和价值观。马克思与恩格斯合著的《神圣家族》批判了以布鲁诺·鲍威尔为代表的青年黑格尔派的哲学伦理思想，用接近完整科学的历史唯物主义原理阐释了一系列重大的伦理道德问题，第一次深刻地论述了个人利益与整体利益、阶级利益与全人类利益的辩证关系，初步表述了工人阶级的实际利益决定其道德观念的思想，揭示了道德的阶级性问题。在合著的《德意志意识形态》中，马克思、恩格斯通过对费尔巴哈唯物主义的批判，以及对以鲍威尔、施蒂纳为代表的青年黑格尔派历史唯心主义的批判，阐述了道德作为社会意识形态是由社会存在所决定的思想，只有从经济基础出发才能科学地说明道德的本质及其变化，论述了个人利益与整体利益的辩证关系，揭示了集体主义的道德原则和基本内容。《共产党宣言》完整系统而严密地阐述了马克思主义伦理思想的基本理论，以唯物史观为理论依据，论证了马克思主义的伦理道德观，进一步批判了资产阶级道德观，将伦理道德观与阶级斗争学说、与无产阶级的历史使命结合起来，分析了无产阶级的道德观念和品质，认为无产阶级具有团结战斗、大公无私的高尚品德，具有为全人类谋幸福、求解放的崇高胸怀，敢于为绝大多数人的利益和全人类的解放事业而斗争。马克思、恩格斯指出，共产党人与整个无产阶级的利益相一致，维护无产阶级的整体利益、共同利益和长远利益，既是共产党人的政治原则，又是一项基本道德原则；共产主义不仅不消灭个性、个人的独立性和自由，反而使之更加全面发展。“代替那存在着阶级和阶级对立的资产阶级旧社会的，将是这样一个联合体，在那里，每个人的自由发展是一切人的自由发展的条件。”①

中国革命道德是中国共产党人对马克思主义伦理学的继承与创新，也是马克思主义伦理学中国化的结果。以毛泽东、刘少奇、周恩来为代表的老一辈无产阶级革命家，以马克思主义伦理学为指导，根据中国革命和建设不同发展阶段的任务要求，对中国革命道德的精神实质、基本原则和行为规范等作了精辟的论述，并形成了系统的革命道德理论。可以说，革命道德就是马克思主义伦理学创立的共产主义道德的中国式表达，革命道德理论就是中国化的马克思主义伦理学。

道德的核心体现了道德体系的性质，决定了道德体系的具体规范，反映了道德体系的功能。之所以说革命道德理论就是中国化的马克思主义伦理学，因为革命道德的核心——“为人民服务”是对马克思主义伦理的核心——“为绝大多数人谋利益”的传承和发展，二者具有内在的一致性，“为人民服务”就是“为绝大多数人谋利益”的中国式表达。

“为绝大多数人谋利益”是马克思主义政党的根本价值追求。“为绝大多数人谋利益”是共产主义道德的核心，是区别于资本主义道德的根本标准。马克思和恩格斯在《共产党宣言》中明确指出：“过去的一切运动都是少数人的，或者为少数人谋利益的运动。无产阶级的运动是绝大多数人

① 《马克思恩格斯选集》第一卷，人民出版社 2012 年版，第 422 页。

的，为绝大多数人谋利益的独立的运动。”① “为绝大多数人谋利益” 作为共产主义道德的根本主张，超越了一切阶级局限，集中体现了无产阶级政党人民至上的价值取向和实现共产主义、实现每个人自由而全面发展的奋斗目标。“为绝大多数人谋利益” 的道德核心体现了历史唯物主义、剩余价值论和科学社会主义等理论观点，是马克思主义的根本价值观，激励了世界社会主义运动。

中国共产党将 “为绝大多数人谋利益” 的价值观运用于中国革命和建设的实践，形成中国革命道德，并在服务人民群众中得到了人民群众的认可，创造性地提出了 “为人民服务” 的口号。“为人民服务” 这一表述，是毛泽东在张思德的追悼会上第一次公开明确提出的，逐步发展成中国共产党的根本宗旨和中国革命道德的核心。“为人民服务” 就是 “为绝大多数人谋利益”，马克思恩格斯所强调的 “绝大多数人” 主要指工人阶级。中国半殖民地半封建的社会性质决定了革命年代中国 “绝大多数人” 的主体是工人和农民。虽然在不同的时期，“人民” 内涵有所不同，但不管在任何时期，“为人民服务” 强调的都是 “为绝大多数人谋利益”，代表的是无产阶级的道德诉求。正如刘少奇同志所说：“我们的道德之所以伟大，正因为它是无产阶级的共产主义的道德。这种道德，不是建筑在保护个人和少数剥削者的利益的基础上，而是建筑在无产阶级和广大劳动人民的利益的基础上，建筑在最后解放全人类、拯救世界脱离资产阶级灾难，建设幸福美丽的共产主义世界的利益的基础上，建筑在马克思列宁主义的科学共产主义的理论基础上。”②

革命道德是马克思主义与中国革命与建设的伟大实践相结合的产物，是马克思主义伦理学在中国的新发展。为人民服务是马克思主义伦理学的中国化表达，它集中体现了中国共产党人的使命担当和奋斗方向，成为中国共产党人独特的精神标识，具有鲜明的中国特色和中国气派。应该说，中国共产党在成立之初，就致力于民族解放的崇高使命，党的全部奋斗史

---

① 《马克思恩格斯选集》第一卷，人民出版社 2012 年版，第 411 页。

② 《刘少奇选集》（上），人民出版社 1981 年版，第 133 页。

都是全心全意为人民服务的历史。中国人对马克思主义最直接的理解就是为人民服务。“为人民服务作为一种伦理道德，已经成为中国大众公认的价值追求和行为规范；为人民服务作为共产党人的宗旨和初心，已经成为共产党人内心最坚定的信仰和最执着的追求，是中国共产党人必须搞明白的最基本的问题，是在一切工作中必须坚持的真理性原则，其精神实质就是全心全意为最广大人民谋利益。这充分表明了为人民服务是马克思主义中国化、大众化的典型代表。”①

### （二）革命道德是对中国传统道德的扬弃和发展

革命道德的形成是马克思主义与中国具体实际相结合、与中华优秀传统文化相结合的产物。中国革命道德的主要规范打上了“马克思主义”和“中国”的双重印记。革命道德作为马克思主义中国化的成果，能够在中国产生和落地生根，并发挥其巨大的“能量”，有一个非常重要的原因就在于革命道德理论与中国传统伦理文化的契合。

革命道德的核心是“为人民服务”，“为人民服务”思想直接继承了马克思主义“为绝大多数人谋利益”的思想，吸收了中华传统文化中“天下为公”“民本”“仁政”“民贵君轻”等思想的合理成分，可以说，“为人民服务”思想是马克思主义在中国文化土壤上结出的丰硕果实，是二者深度融合的产物。中华民族强调“天下为公”，即强调不能公器私用，要为天下百姓服务。“天下为公”一词最早出现于古代典籍《礼记・礼运》中的“大道之行也，天下为公，选贤与能，讲信修睦”。《诗经・召南・采蘩》中曰：“被之僮僮，夙夜在公。”唐代张蕴古在《大宝箴》中写道：“使人以心，应言以行。包括治体，抑扬词令，天下为公，一人有庆。”范仲淹在《岳阳楼记》说：“先天下之忧而忧，后天下之乐而乐乎！”清代羽衣女士在《东欧女豪杰》一回中也写道：“不若趁早看真时势，改换心肠，天下为公，与民同乐，免致两败俱伤。”② 康有为在《大同书》中说：“大

---

① 李新宇、辛宝海：《为人民服务是中国共产党长期执政的合法性依据——基于中华人民共和国成立 70 周年的历史视角》，《中共南京市委党校学报》2019 年第 4 期。

② 《中国成语大辞典》，上海辞书出版社 1987 年版，第 1254 页。

同之世，天下为公，无有阶级，一切平等。”[①] 民主革命的先驱孙中山更是把“天下为公”作为自己的行为准则和治国的价值追求。

“为人民服务”强调人民的主体地位，与中国传统文化中的“以民为本”思想也高度契合。“以民为本”要求统治者贵民、爱民、恤民、养民。《尚书·五子之歌》曰：“民惟邦本，本固邦宁。”“荀卿子曰：君，舟也，民，水也，水所以载舟，水所以覆舟。故孔子曰：鱼失水则死，水失鱼犹为水也。”[②] 孟子明确提出：“民为贵，社稷次之，君为轻。”（《孟子·尽心下》）隋朝思想家王通提出，“爱民厚生”“不以天下易一民之命”[③]。唐朝魏征认为民是国之根本，指出：“为君之道，必须先存百姓，若损百姓以奉其身，犹割股以啖腹，腹绝而身毙。”[④] 魏征向唐太宗谏道：“陛下为人父母，抚爱百姓，当忧其所忧，乐其所乐。”[⑤] 朱熹曰：“天下之务莫大于恤民。”[⑥] 明末清初的思想家王夫子提出“宽以养民，严于治吏”的思想，“严者，治吏之经也；宽者，养民之纬也”[⑦]。

革命道德的集体主义原则和很多道德规范都可以从中华传统文化中找到源头。集体主义作为革命道德的基本原则，是处理社会主义利益关系的基本准则，特别是处理集体利益和个人利益的关系的最基本的出发点和价值导向。革命道德强调的集体主义与个人主义相对立，而中国传统社会向来是以集体主义反对个人主义。中华文明是农耕文明，农业生产的过程要求成员之间相互协作，基于土地的不动产性质产生了宗族等凌驾于个人之上的集体组织，个人必须依赖宗族，宗族利益高于个人利益，使得集体意识和集体观念融入了中国人的血脉。虽然中国传统社会的集体主义与革命道德强调的集体主义差异甚大，但在反对个人主义的立场上是一致的。革命道德的主要规范都与中华传统文化有着共通之处。革命道德强调爱国主

① 曹德本：《中国政治思想史》，高等教育出版社 1999 年版，第 335 页。
② 曹德本：《中国政治思想史》，高等教育出版社 1999 年版，第 149 页。
③ 王通：《文中子说》，江苏古籍出版社 2017 年版，第 13 页。
④ 曹德本：《中国政治思想史》，高等教育出版社 1999 年版，第 149 页。
⑤ 曹德本：《中国政治思想史》，高等教育出版社 1999 年版，第 142 页。
⑥ 曹德本：《中国政治思想史》，高等教育出版社 1999 年版，第 183 页。
⑦ 曹德本：《中国政治思想史》，高等教育出版社 1999 年版，第 244 页。

义，爱国向来都是中华民族的内在基因。不怕牺牲、敬业奉献、谦虚谨慎、团结友善、勤俭节约、自力更生、艰苦奋斗等道德要求也是中华传统美德的内容。所以说，“中国优良传统道德是中国革命道德的渊源之一，从一定的意义上说，没有中国优良传统道德的长期发展和丰富内容，就不可能有中国革命道德”①。

需要强调的是，中国革命道德是对中国传统道德的扬弃和发展，我们反对历史虚无主义，也反对文化守旧主义。对于如何对待传统美德，孙中山曾分析，“此刻中国正是新旧潮流相冲突的时候”，“一般醉心新文化的人，便排斥旧道德，以为有了新文化，便可以不要旧道德”，而这样做的结果却导致“一般国民都无所适从”。孙中山指出，“现在人人都说，到了民国什么道德都破坏了，根本原因就是在此”②。社会生活的发展大部分时间是处在量变之中的，不会停滞不前，也很少出现颠覆性的改变，人类道德的发展具有延续性，也有革新性。“中国革命道德是中国优良传统道德的延续和发展，它继承了中国传统道德的精华，摒弃了传统道德的糟粕，它是对中国传统道德的一种质的升华，是超越了中国传统道德的时代局限而形成的一种崭新的道德。”③ 以毛泽东同志为主要代表的中国共产党人从中国革命和建设的实际出发，主张对中国传统道德“用马克思主义的方法给以批判的总结”，做到“吸取精华，去其糟粕”。毛泽东说：“如同我们对于食物一样，必须经过自己口腔咀嚼和胃肠运动，送进唾液胃液肠液，把它分解为精华和糟粕两部分，然后排泄其糟粕，吸收其精华，才能对我们的身体有益，决不能生吞活剥地毫无批判地吸收。”④ 毛泽东强调：“我们是马克思主义的历史主义者，我们不应当割断历史。从孔夫子到孙中山，我们应当给以总结，承继这一份珍贵的遗产。”⑤

中华文明是世界上唯一没有中断的文明，具有突出的连续性特征。

---

① 罗国杰：《论“五四”以来的中国革命道德》，《高校理论战线》2000 年第 1 期。

② 《孙中山选集》，人民出版社 1981 年版，第 681 页。

③ 罗国杰：《论“五四”以来的中国革命道德》，《高校理论战线》2000 年第 1 期。

④ 《毛泽东选集》第二卷，人民出版社 1991 年版，第 707 页。

⑤ 《毛泽东选集》第二卷，人民出版社 1991 年版，第 534 页。

中国共产党高度重视传承和发展中华优秀传统文化，在革命和建设过程中，高度重视将马克思主义基本原理与中国的具体实际相结合、与中华优秀传统文化相结合，不断推进马克思主义的中国化、时代化。中国共产党在坚守马克思主义基本立场的前提下，吸收了中国历史上的“天下为公”“以民为本”等传统道德观念，凝练出为人民服务的宗旨，并把为人民服务作为革命道德的核心，实现了守正创新，使得革命道德深入人心。“我们党的一大长处和优势，就是把树立马克思主义世界观、人生观同坚持和发扬中华民族优良传统有机地结合起来，讲求共产党员个人的思想品德修养。”① 中国共产党人对中国传统道德文化的批判继承，推陈出新，必然合乎逻辑地使之产生质的飞跃。正因为如此，中国革命道德才实现了从传统到现代的跨越。中国革命道德对中国古代优秀道德是一种重大的发展，是一种批判的继承和超越，特别表现在它的革命性和先进性上。

### （三）革命道德是对资本主义道德的批判和超越

革命道德理论是在批判中实现对西方资本主义道德的超越的。中国革命道德形成于新民主主义革命时期，当时的任务是打倒三座大山，革命的对象是帝国主义、封建主义和官僚资本主义。要完成新民主主义革命的任务，在文化上必然要批判和超越资本主义道德。事实上，在中国人寻救国救民理论、开始向西方学习的过程中，有识之士很早就认识到西方国家在精神文化上的沉沦。1918 年，梁启超自欧洲归国，出版《欧游心影录》，他以耳闻目睹、亲身考察的事实，向国人介绍欧洲资本主义世界在第一次世界大战和俄国十月革命后凄惨衰败的景象。梁启超认为，当时欧洲“全社会人心，都陷入怀疑沉闷畏惧之中，好像失了罗针的海船遇着风遇着雾，不知前途怎生是好”②。

中国特殊的国情，使得中国革命同时面临着反对封建主义和反对帝国

---

① 中共中央文献研究室编：《毛泽东邓小平江泽民论世界观人生观价值观》，人民出版社 1997 年版，第 605 页。

② 梁启超：《欧游心影录》，商务印书馆 2014 年版，第 17 页。

主义的双重任务。20 世纪初至五四运动前夕，中国传统伦理文化和西方近代伦理文化均面临着深刻的意义和价值危机。在中国，伴随着近代民主革命而开展的道德革命矛头直指传统伦理道德，儒学及儒家伦理文化被视为封建主义而遭到猛烈抨击和痛斥。1915 年开展的新文化运动，以“批判旧道德提倡新道德”而著称于世，整体上宣告了传统伦理文化的破产和寿终正寝。在西方，20 世纪初尼采宣布“上帝死了”，并对西方近代伦理文明予以“清算”。1918 年，斯宾格勒出版了《西方的没落》一书，从宏大的文化比较形态学的角度，通过对西方文化的精神逻辑和时代症状的描述，预言西方文化终将走向没落。中国传统伦理文化和西方近代伦理文化在 20 世纪初发生的双重危机，给近代中国“古今中西”之争以当头棒喝。革命先驱李大钊意识到了中国道德革命所面临的双重危机，指出：“东洋文明衰颓于静止之中，而西洋文明又疲命于物质之下，为救世界之危机非有第三新文明之崛起不足以渡此危崖。”①

中国革命道德的产生本身就是一场道德的革命，不批判西方伦理文化，革命道德理论无以确立。革命的任务决定了必然要产生革命的道德。李大钊说：“适应从前的生活和社会而发生的道德，到了那种生活和社会有了变动的时候，自然失了他的运命和价值，那就成了旧道德了。这发生的新生活、新社会必然要求一种适应他的新道德出来，新道德的发生就是社会的本能的变化，断断不能遏抑的。”②

救亡图存之初，中国人对于西方伦理文化还存有幻想，想当西方的“学生”，想用资本主义伦理文化改造中国传统道德，然而现实是残酷的。毛泽东在《论人民民主专政》中说道：“帝国主义的侵略打破了中国人学西方的迷梦。很奇怪，为什么先生老是侵略学生呢？中国人向西方学得很不少，但是行不通，理想总是不能实现。多次奋斗，包括辛亥革命那样全国规模的运动，都失败了。”③ 十月革命后，李大钊等先进分子开始在中国传播马克思主义。“中国人找到了马克思列宁主义这个放之四海而皆准的

---

① 《李大钊文集》第二卷，人民出版社 1999 年版，第 205 页。
② 《李大钊文集》第三卷，人民出版社 1999 年版，第 116 页。
③ 《毛泽东选集》第四卷，人民出版社 1991 年版，第 1470 页。

普遍真理，中国的面目就起了变化了。”[①]

中国的马克思主义者很早就认识到了道德革命在整个革命事业中的重大意义。陈独秀说：“盖伦理问题不解决，则政治学术，皆枝叶问题，纵一时舍旧谋新，而根本思想，未尝变更，不旋踵而仍复旧观者，此自然必然之事也。”[②] 青年毛泽东既猛烈批判封建道德的“三纲五常”，也对资本家的利己主义持批判态度，指出“故凡有压抑个人、违背个性者，罪莫大焉。故吾国之三纲在所必去，而教会、资本家、君主、国家四者，同为天下之恶魔也”[③]。张昆弟 1917 年 9 月曾记述：“毛君云，西人物质文明极盛，遂为衣食住三者所拘，徒供肉欲之发达已耳。若人生仅此衣食住三者而已足，是人生太无价值。”[④] 1919 年 7 月在《湘江评论》创刊号上，毛泽东批评资本主义制度不仅使殖民地、半殖民地国家深受其害，就是在其本国，实业专制也会使“几个人享福，千万人要哭。实业愈发达，要哭的人愈多”。只有推倒了资本主义制度，“才是人类真得解放的一日”[⑤]。毛泽东在《民众的大联合》中斥责资本主义是邪恶的化身，哪里有资本主义，哪里就有压迫和苦难，“到了近世，强权者、贵族、资本家的联合到了极点，因之国家也坏到了极点，人类苦到了极点，社会也黑暗到了极点”[⑥]。革命过程中，面对凶恶的反革命势力，毛泽东号召：“天不要怕，鬼不要怕，死人不要怕，官僚不要怕，军阀不要怕，资本家不要怕。”[⑦] 中国共产党充分认识到了革命道德直接关系到革命的成败，毛泽东强调：“革命文化，对于人民大众，是革命的有力武器。革命文化，在革命前，是革命的思想准备；在革命中，是革命总战线中的一条必要和重要的战线。”[⑧]

革命道德理论主张以唯物史观分析道德现象和道德问题，科学而深刻

---

① 《毛泽东选集》第四卷，人民出版社 1991 年版，第 1470 页。
② 陈独秀：《宪法与礼教》，《新青年》第 2 卷，第 3 号。
③ 《毛泽东早期文稿》，湖南出版社 1990 年版，第 151—152 页。
④ 《毛泽东早期文稿》，湖南出版社 1990 年版，第 638 页。
⑤ 《毛泽东早期文稿》，湖南出版社 1990 年版，第 321 页。
⑥ 《毛泽东早期文稿》，湖南出版社 1990 年版，第 339 页。
⑦ 《毛泽东早期文稿》，湖南出版社 1990 年版，第 292 页。
⑧ 《毛泽东选集》第二卷，人民出版社 1991 年版，第 708 页。

地揭示出道德的本质和功能，并对资本主义道德进行了深刻的批判。中国革命道德是在批判西方资本主义道德中形成和发展的。依据马克思列宁主义关于意识和存在关系的科学规定和能动的革命的反映论的基本观点，革命道德反对西方伦理文化中的道德决定论，把政治经济革命放在首要地位。毛泽东强调，道德是人类社会生活的产物，“是人们经济生活与其他社会生活的要求的反映”①。同时，革命道德理论也强调社会意识、道德理论对经济关系也有着能动的反作用。“我们承认总的历史发展中是物质的东西决定精神的东西，是社会的存在决定社会的意识；但是同时又承认而且必须承认精神的东西的反作用，社会意识对于社会存在的反作用，上层建筑对于经济基础的反作用。这不是违反唯物论，正是避免了机械唯物论，坚持了辩证唯物论。”② 毛泽东指出，半封建半殖民地的文化是半封建半殖民地的政治和经济的反映，是替帝国主义和封建地主阶级服务的，而无产阶级主张的新文化“则是在观念形态上反映新政治和新经济的东西，是替新政治新经济服务的”③。

革命道德理论从道德的阶级性出发，批判资本主义道德为少数人服务，超越了资本主义道德的狭隘性，强调要为广大人民群众服务，比资本主义道德更科学、更先进。以马克思主义理论为指导的无产阶级文化思想和道德，具有鲜明的实践性的特点，是中国革命强大的精神力量。毛泽东指出：“人们的社会存在，决定人们的思想。而代表先进阶级的正确思想，一旦被群众掌握，就会变成改造社会、改造世界的物质力量。”④革命道德理论主张，阶级社会的道德是阶级性与共同性的辩证统一。毛泽东认为，道德起源于各部落、各民族不同的生活习惯和行为要求，所以“以广义言之，人类无普通之道德”⑤。同时，人类生活及需求具有一定的共通性，所以“以狭义言之，人类亦有普通之道德，惟直接应用时，

① 《毛泽东文集》第三卷，人民出版社 1996 年版，第 84 页。

② 《毛泽东选集》第一卷，人民出版社 1991 年版，第 326 页。

③ 《毛泽东选集》第二卷，人民出版社 1991 年版，第 695 页。

④ 《毛泽东著作选读》（下册），人民出版社 1986 年版，第 839 页。

⑤ 《毛泽东早期文稿》，湖南出版社 1990 年版，第 128 页。

须为之消息”[①]。但是，道德的共同性并不能否定道德的阶级性。在阶级社会里，人们总是在一定的阶级地位中生活，各种道德观念无不打上阶级的烙印，因此阶级性是道德的主要属性。“不同阶级有不同的道德观。”[②]

革命道德理论批判资本主义道德超阶级的人性主张，同资产阶级实用主义伦理观念进行了坚决的斗争。刘少奇认为：“我们的道德之所以伟大，正因为它是无产阶级的共产主义的道德。这种道德，不是建筑在保护个人和少数剥削者的利益的基础上，而是建筑在无产阶级和广大劳动人民的利益的基础上，建筑在最后解放全人类、拯救世界脱离资本主义灾难，建设幸福美丽的共产主义世界的利益的基础上，建筑在马克思列宁主义的科学共产主义的理论基础上。”[③] 毛泽东强调：“只有具体的人性，没有抽象的人性。在阶级社会里就是只有带着阶级性的人性，而没有什么超阶级的人性。”[④] 毛泽东指出：“有些小资产阶级知识分子所鼓吹的人性，也是脱离人民大众或者反对人民大众的，他们的所谓人性实质上不过是资产阶级的个人主义，因此在他们眼中，无产阶级的人性就不合于人性。”[⑤] 抽象的人性论实质上是资产阶级的人性论，资产阶级鼓吹的超阶级、超时代的人性实质上是把他们本阶级的人性冒充为全人类的人性。无产阶级的革命道德要求无产阶级和人民大众不能爱敌人，不能爱社会的丑恶现象，而要消灭这些东西。无产阶级的人性就是要解放个性，为人民大众的解放和幸福而奋斗。“我们主张无产阶级的人性，人民大众的人性。”[⑥]

## 四 坚定革命道德自信

2019 年，中共中央、国务院印发的《新时代公民道德建设实施纲要》明确要求：“坚持在继承传统中创新发展，自觉传承中华传统美德，继承

① 《毛泽东早期文稿》，湖南出版社 1990 年版，第 128 页。
② 《毛泽东文集》第三卷，人民出版社 1996 年版，第 84 页。
③ 刘少奇：《论共产党员的修养》，人民出版社 1962 年版，第 48 页。
④ 《毛泽东选集》第三卷，人民出版社 1991 年版，第 870 页。
⑤ 《毛泽东选集》第三卷，人民出版社 1991 年版，第 870 页。
⑥ 《毛泽东选集》第三卷，人民出版社 1991 年版，第 870 页。

我们党领导人民在长期实践中形成的优良传统和革命道德，适应新时代改革开放和社会主义市场经济发展要求，积极推动创造性转化、创新性发展，不断增强道德建设的时代性实效性。”① 坚定革命道德自信需要明确革命道德地位，坚定革命道德信仰。

## （一）明确革命道德地位

反对革命道德过“时”论和澄清革命道德过“高”论，其目的都是为了进一步明确革命道德的地位，为传承和弘扬革命道德解决理论上的障碍。革命道德是共产主义道德在中国革命和建设时期的中国话语表达，是社会主义道德科学性、先进性和人民性的集中体现。“我们要建设的社会主义现代化强国，不仅要在物质上强，更要在精神上强。精神上强，才是更持久、更深沉、更有力量的。”② 党的十八大后，中国特色社会主义进入新时代。革命道德不仅在当代中国道德体系中具有重要的地位，在当代中国的道德实践中同样具有重要的地位。

### 1. 革命道德在当代中国道德体系中的地位

道德体系是体现一定社会或阶级价值取向，具有内在一致性的、较为稳定的道德原则、规范和范畴系统。道德体系往往具有时代性、民族性和阶级性的特征，由于地区、文化、传统等差异，同一民族或国家通常存在不同的道德体系。在当代中国，居于主导地位的是社会主义道德体系，同时，封建主义道德体系、资本主义道德体系在中国社会还有一定的影响，特别是资本主义社会的个人主义、拜金主义、享乐主义、种族主义等错误道德观念在中国社会还有一定的市场。所以，社会主义道德体系也会受到其他道德体系的攻击和侵袭，当代中国加强道德建设首先就要维护社会主义道德体系的主导地位。《新时代公民道德建设实施纲要》明确要求：“坚持马克思主义道德观、社会主义道德观，倡导共产主义道德，以为人民服务为核心，以集体主义为原则，以爱祖国、爱人民、爱劳动、爱科学、爱

---

① 《新时代公民道德建设实施纲要》，《人民日报》2019 年 10 月 28 日第 1 版。

② 《习近平谈治国理政》第三卷，外文出版社 2020 年版，第 337 页。

社会主义为基本要求，始终保持公民道德建设的社会主义方向。”① 社会主义道德体系的主导地位根源于其本身的科学性、先进性和人民性，但并不能保证社会全体成员在道德水平上的一致性。任何一种道德体系和道德标准都无法做到让所有成员全部达到要求，道德行为与不道德行为总是存在于同一个社会中，引导民众积极向善从而减少不道德行为是社会道德建设的不二选择。中国革命道德本质上就是共产主义道德在中国革命和建设时期的中国话语表达，是历史上和现实中最先进的道德形态，也是当代中国先进分子的道德追求。革命道德和革命精神体现了当代中国崇高的道德理想、坚决的道德意志和巨大的道德动力。革命道德在社会主义道德体系中犹如海上灯塔，彰显了社会主义道德体系本身的科学性、先进性和人民性，保证了社会主义道德体系的前进方向，标定了社会主义道德体系的人民属性。革命道德在一定程度上就是社会主义道德体系的底色，传承和弘扬革命道德是维护社会主义道德体系主导地位的内在要求和必然选择。

**2. 革命道德在当代中国道德生活中的地位**

革命年代虽已远去，革命道德和革命精神却永存，并成为当代中国道德生活中那一抹亮丽的颜色，使得五彩缤纷的道德生活充满着希望，让人时刻看到道德世界的崇高和神圣。在革命道德的激励下，中国共产党带领人民群众流血牺牲、攻坚克难，革命道德成为革命成功的强大精神动力。中国共产党历来重视继承和发扬革命道德传统，十分强调革命道德传统在我国新民主主义革命、社会主义革命与建设中的重要作用。在革命战争年代，面对强大的敌人和艰苦的环境，是否发扬革命道德，是我国新民主主义革命能否取得胜利的重要因素。在和平年代，中国共产党也十分重视发扬革命道德。邓小平说：“要恢复和发扬我们党和人民的革命传统，培养和树立优良的道德风尚，为建设高度发展的社会主义精神文明做出积极的贡献。”② 毫无疑问，革命道德不会随着革命的成功而过时，现代化的建设

① 《新时代公民道德建设实施纲要》，《人民日报》2019 年 10 月 28 日第 1 版。
② 《邓小平文选》第二卷，人民出版社 1994 年版，第 209 页。

同样离不开革命道德的引领。邓小平强调："没有共产主义思想，没有共产主义道德，怎么能建设社会主义?"[①] 在当代中国，人民思想觉悟、道德水准、文明素养不断提高，然而，道德领域依然存在不少问题。"一些地方、一些领域不同程度存在道德失范现象，拜金主义、享乐主义、极端个人主义仍然比较突出；一些社会成员道德观念模糊甚至缺失，是非、善恶、美丑不分，见利忘义、唯利是图，损人利己、损公肥私；造假欺诈、不讲信用的现象久治不绝，突破公序良俗底线、妨害人民幸福生活、伤害国家尊严和民族感情的事件时有发生。"[②] 面对各种败德行为的侵袭，弘扬革命道德传统的意义和作用更加突出。"为了建设一个富强、民主、文明的社会主义国家，为了彻底实现社会主义和共产主义理想，我们一定要在全国人民中，大力弘扬革命传统、特别是革命道德传统，使革命道德在新时期焕发出更加灿烂的光辉。"[③] 对于社会的先进分子，特别是共产党人而言，必须用共产主义道德要求自己，要坚持弘扬革命精神和优良传统。革命道德引领着整个社会道德建设的方向，为全体人民树立了道德的标杆，实现先进激励后进，推动社会整体道德水平提升的目标。从一定的意义上说，中国革命道德和革命精神，是我国社会主义和共产主义事业胜利的重要保证，是我国现代化建设能够沿着正确道路前进的重要精神动力。

### （二）坚定革命道德信仰

对于中华民族而言，革命道德信仰是一个根本意义上的道德基础问题。"要把我国发展得更好，离不开理想信念的力量。我们共产党人锤炼党性，首要的就是坚定共产主义远大理想和中国特色社会主义共同理想。"[④] 坚定革命道德信仰能够为人们确立生活的终极关怀。革命道德信仰能让脱离社会根基、浮躁游移的人格心态有所依归，使"自我"茫然无措

① 《邓小平文选》第二卷，人民出版社 1994 年版，第 367 页。
② 《新时代公民道德建设实施纲要》，《人民日报》2019 年 10 月 28 日第 1 版。
③ 罗国杰：《论"五四"以来的中国革命道德》，《高校理论战线》2000 年第 1 期。
④ 《习近平谈治国理政》第二卷，外文出版社 2017 年版，第 4 页。

的行为找到可能的参照。践行革命道德将会让人感受到快乐，即使倡导革命道德可能会让自己失去部分物质利益。当一个民族的大部分人确立了革命道德信仰之后，整个民族的道德水准就将达到一定的高度。

**1. 学习革命历史**。“我们的自信是基于中华民族在历史中形成的坚如磐石的自主意识，无论碰到什么风浪，无论遭遇什么样的挫折，我们都不会动摇坚持独立自主、走自己的路的意志。”① 历史是最好的教科书，通过革命历史教育，让人们树立正确的历史观，深刻理解革命道德的形成过程、内涵要求和伟大功绩，强化对革命道德的心理认同，为重塑革命道德信仰提供条件。“红军过草地的时候，伙夫同志一起床，不问今天有没有米煮饭，却先问向南走还是向北走。这说明在红军队伍里，即便是一名炊事员，也懂得方向问题比吃什么更重要。”② 革命历史是中国共产党和中华民族宝贵的精神财富，学习革命历史，才能明辨方向，才能理解革命道德的重大意义。重视从党的历史中汲取智慧和力量是中国共产党的优良传统，加强全社会的党史、国史、改革开放史和社会主义发展史教育既非常重要，又非常迫切。党的十八大以来，以习近平同志为核心的党中央更加注重从党和国家的历史宝库中汲取治国理政的经验和智慧，并在此基础上提出中华民族伟大复兴中国梦的科学理念，强调“历史是最好的教科书”③，“学习党史、国史，是我们坚持和发展中国特色社会主义、把党和国家各项事业继续推向前进的必修课”④。“中国共产党人的理想信念建立在对马克思主义的深刻理解之上，建立在对历史规律的深刻把握之上。”⑤ 实现和维护无产阶级和最广大人民的根本利益是马克思主义全部理论的立足点，历史观的教育有助于解决为谁服务的价值观问题，真正理解为人民服务的道德核心和集体主义道德原则的深刻内涵，将革命道德规范内化为人们的价值追求，将革命精神融入工作和生活的点点滴滴中。历史观是世界观、人生

---

① 韩震：《论中华民族文化自信的三种根基》，《北京日报》2017 年 2 月 13 日第 13 版。

② 《习近平谈治国理政》第三卷，外文出版社 2020 年版，第 93 页。

③ 《习近平谈治国理政》第一卷，外文出版社 2018 年版，第 405 页。

④ 习近平：《论中国共产党历史》，中央文献出版社 2021 年版，第 15—16 页。

⑤ 《习近平谈治国理政》第三卷，外文出版社 2020 年版，第 519 页。

观、价值观的重要基础，加强历史观教育有助于全社会更加深刻地认识当前中国所处的历史方位和世界形势，做到不忘初心、牢记使命，传承革命斗争精神，践行革命道德要求。

**2. 弘扬革命精神**。革命精神是革命道德的高度凝练和践行结晶，弘扬革命精神是重塑革命道德信仰的内在要求。弘扬革命精神是战胜各种艰难险阻的成功密码，也是全社会形成价值共识的有力支撑。2019 年 9 月 12 日，习近平总书记在视察香山革命纪念地时指出："我们缅怀这段历史，就是要继承和发扬老一辈革命家'宜将剩勇追穷寇，不可沽名学霸王'的革命到底精神，不断增强中国特色社会主义的道路自信、理论自信、制度自信、文化自信，勇于进行具有许多新的历史特点的伟大斗争，坚决战胜前进道路上的各种艰难险阻，使'中国号'这艘巨轮继续破浪前进、扬帆远航。"① 红船精神、井冈山精神、苏区精神、长征精神、延安精神和西柏坡精神是中国共产党革命精神史上最亮丽的坐标。这些精神伴随中国革命的光辉历程，共同构成中国共产党和中国人民在前进道路上的宝贵精神财富。弘扬革命精神的过程就是践行革命道德的过程，也是革命道德内化为人们自觉追求的过程。弘扬革命精神可以帮助人们找到个人精神生活的坐标，让人们摆脱市场经济条件下"物化"的倾向，确立个人崇高的价值理想，让革命道德信仰成为人生前进的深厚根基。2019 年 5 月 20 日，习近平总书记在参观中央红军长征出发纪念馆时指出："革命理想高于天。理想信念之火一经点燃，就永远不会熄灭。在中央苏区和长征途中，党和红军就是依靠坚定的理想信念和坚强的革命意志，一次次绝境重生，愈挫愈勇，最后取得了胜利，创造了难以置信的奇迹。我们不能忘记党的初心和使命，不能忘记革命理想和革命宗旨，要继续高举革命的旗帜，弘扬伟大的长征精神，朝着中华民族伟大复兴的目标奋勇前进。"②

**3. 传承革命文化**。习近平总书记指出："没有高度的文化自信，没有

---

① 习近平：《用好红色资源，传承好红色基因，把红色江山世世代代传下去》，《求是》2021 年第 10 期。

② 习近平：《用好红色资源，传承好红色基因，把红色江山世世代代传下去》，《求是》2021 年第 10 期。

文化的繁荣兴盛，就没有中华民族伟大复兴。”① 革命文化是中华文化史上的一颗璀璨明珠，是中华民族的宝贵精神财富。“革命文化是中国共产党和中国人民在长期的革命斗争实践中形成的，蕴含着丰富的革命精神和厚重的历史文化内涵。它既传承了中华优秀传统文化，又成为社会主义先进文化发展的直接来源，是文化自信的源头。”② 弘扬革命文化，传承红色基因，是习近平新时代中国特色社会主义思想所蕴含的厚重情怀。红色基因根植于革命先烈之中，弘扬革命文化，就是让先烈们的追求和坚定得到弘扬。党的十八大以来，习近平总书记多次强调，要把红色资源利用好，把红色传统发扬好，把红色基因传承好。习近平总书记在庆祝中国共产党成立 95 周年大会上告诫全党：“我们党已经走过了 95 年的历程，但我们要永远保持建党时中国共产党人的奋斗精神，永远保持对人民的赤子之心。一切向前走，都不能忘记走过的路；走得再远、走到再光辉的未来，也不能忘记走过的过去，不能忘记为什么出发。”③ 革命文化以其自身的先进性、科学性和人民性，引领着当前中国文化建设的方向。面对西方资本主义文化的渗透，弘扬革命文化是维护我国意识形态安全的有效举措。弘扬革命精神，传承革命道德，可以有效地揭露历史虚无主义的本质，消除拜金主义、享乐主义的危害，也有助于凝心聚魂，重塑民族自信心。通过传承革命文化，让红色基因在中国人民的血液中流淌，让革命道德信仰成为中国人民的精神支柱。

---

① 《习近平谈治国理政》第三卷，外文出版社 2020 年版，第 32 页。

② 张妙：《革命文化更自信》，《山西日报》2018 年 2 月 13 日第 10 版。

③ 《习近平谈治国理政》第二卷，外文出版社 2017 年版，第 32—33 页。

# 第四章　社会主义核心价值观自信

社会主义核心价值观本质上就是道德要求，也是新时代中国人民在道德领域的最大公约数。社会主义核心价值观是当代中国道德文化的集中体现，当代中华民族的道德自信直接体现为对社会主义核心价值观的自信。社会主义核心价值观的先进性，是提升中国人民道德自信的根本依凭。

## 一　核心价值观的本质与功能

核心价值观标示着社会的前进目标，为社会成员提供了共同的行为规范。理解核心价值观的本质和功能，有助于深刻认识培育和践行社会主义核心价值观的重大意义。

### （一）核心价值观的本质

核心价值观是关于核心价值的观点和看法，理解核心价值观首先要明确什么是价值。价值属于关系范畴，表征着事物与人的关系。价值一词具有高度的普遍性和概括性，“从认识论上来说，是指客体能够满足主体需要的效益关系，是表示客体的属性和功能与主体需要间的一种效用、效益或效应关系的哲学范畴”①。简单来说，价值就是指某一种事物对人的有用性。当一样事物能够满足人的需要时，这样事物对人来说就是有价值的，反之，则是无价值的。能否满足人的需要是判断有无价值的标准。

① 逯行、黄荣怀：《智能时代的教育改革：教育社会实验的演化及其价值回应》，《清华大学教育研究》2022 年第 1 期。

价值观则是人们在处理价值过程中持有的根本观点和方法。因所处地位、环境、经历和需要不同，每个人都会形成自己的价值观。比如，基于对金钱的需要不同，有的人视钱如命，有的人则视金钱如粪土。也正是因为人们的价值观不同，人类社会才是多样化的，人们的生活才变得丰富多彩。价值观是人们的各种选择的深层次决定因素，影响着个人的理想信念、职业生涯和生活方式，进而影响着整个社会面貌和未来进路。

顾名思义，核心价值观就是一个社会的价值观体系中，处于核心地位的价值观。核心价值观能够主导和影响其他价值观，体现着社会的基本价值导向。因每个人的需要不同，所以整个社会有各种各样的价值观念。在各种价值观念中，一个社会需要有一种价值观居于主导地位，并统合其他的价值观，这个社会才有可能构建起有序的生产过程和生活样态。每个时代都有这个时代的人们必须面对的主要矛盾，主要矛盾能否缓解和解决将决定这个社会能否维系和进步，决定这个社会的所有成员能否生存和发展。从这个社会的主要矛盾出发，会内生出解决矛盾的价值导向，通过共识整合，就会成为这个社会的核心价值观。在当代社会，由于利益格局的复杂化、社会结构的多元化和生活方式的个性化，全体社会成员已无法在所有领域形成完全一致的价值观念，但是需要在关系全体社会成员生存和发展的重大问题上达成价值共识，即形成社会的核心价值观。如果一个社会没有核心价值观，这个社会在价值观念上必然是冲突的，社会成员必然陷入无休止的争吵，将难以形成合力来应对生存和发展的危机。

核心价值观的本质就是全体社会成员基于生存和发展的需要而达成的一种道德价值共识。习近平总书记强调："核心价值观，其实就是一种德，既是个人的德，也是一种大德，就是国家的德、社会的德。"① 核心价值观是一个时代道德文化的集中体现，是一个时代道德规范的高度概括，是一个时代未来发展的价值诉求。核心价值观是为了应对时代主要矛盾的挑战，人们通过教育引导、自我体认、交流沟通而形成的一种价值观念上的共识，是一个时代的人们在价值观念上的"最大公约数"。正是因为核心

① 《习近平谈治国理政》第一卷，外文出版社 2018 年版，第 168 页。

价值观就是时代的道德要求，所以习近平总书记强调："国无德不兴，人无德不立。如果一个民族、一个国家没有共同的核心价值观，莫衷一是，行无依归，那这个民族、这个国家就无法前进。这样的情形，在我国历史上，在当今世界上，都屡见不鲜。"①核心价值观是文化的内核，在任何一个时代，增强道德自信，首先必须增强对该社会核心价值观的自信。

### （二）核心价值观的功能

核心价值观是解决一个时代主要矛盾的价值共识，是维系社会长治久安的"稳定器"，具有强大的功能。

**1. 核心价值观确立了社会发展的目标，具有导向功能。**核心价值观是社会成员在道德价值上的一种共同愿景，也是社会成员在未来发展上达成的共同目标。核心价值观并非已经完全实现的目标，而是需要全体社会成员长期的奋斗才有可能达成。世界的善与恶本身就是对立统一的，在道德实践层面上，想要完全消灭恶，是不可能的，也是不现实的，因为没有恶也就无所谓善。核心价值观的可贵之处就在于它为社会成员标定了前进的方向，让人们在善恶的冲突中看到希望。核心价值观作为一种道德价值，其目标本身具有永恒性的特征，具体个案的善可以得到实现，但善的实现是永恒的过程。中国传统社会把儒家仁爱确立为核心价值观后，仁爱就是这个社会追求的发展目标。西方资本主义社会把自由确立为核心价值观后，自由就是这个社会追求的发展目标。富强、民主、文明、和谐确定为社会主义社会国家层面的核心价值观后，富强、民主、文明、和谐就成为中国社会长期的发展目标。一个社会如果没有确立起核心价值观，就意味着这个社会没有明确的发展方向，发展目标不清晰，在价值观念和思想意识上是混乱的。一个社会有明确的核心价值观，犹如船在大海上有指南针指引航向。

**2. 核心价值观是是非功过的评价标准，具有评价功能。**要判断是非功过，首先要确立判断的标准，这是对各种行为和事件评价的前提。运用不

---

① 《习近平谈治国理政》第一卷，外文出版社2018年版，第168页。

同的判断标准评价具体的行为和事件，其结果可能完全不同。核心价值观是全体社会成员在道德价值上的“最大公约数”，是全体社会成员认同的价值共识，自然就是一个社会是非功过的评价标准。当一个社会没有确立起核心价值观，每个人都从自己的价值观出发，这个社会必然是非不清，荣辱不分，任何事情都有人反对。一个社会存在争论是正常，但如果基本的常识和明显的恶行都要争论，那是极其不正常的。当今世界的冲突，很大一部分原因是价值观的冲突，因为价值观不一致，对同样的行为评价的结果是完全不一样的。新型冠状病毒感染疫情发生后，中国政府将人民群众的生命和健康作为最重要的价值目标，全国人民众志成城，交出令人满意的抗疫答卷。西方很多国家把个人的自由作为最重要的价值目标，无法形成抗疫的合力，疫情让很多人失去了生命。如何看待和评价全球的抗疫？因为每个国家的核心价值观不同，得出的结论和可能采取的行动都不一样。只有确立全体社会成员一致认可的核心价值观，这个社会才能做到是非分明、功过清晰，社会的荣辱观深入人心。

**3. 核心价值观是社会各种力量的黏合剂，具有凝聚功能。**核心价值观作为全体社会成员在道德价值上的“最大公约数”，为社会发展确立了目标。核心价值观能够引领全体社会成员整合分歧，求同存异，找到共同点，发挥凝聚人心的作用。要把社会成员凝聚在一起，不仅要形成共同的利益，还需要形成共同的价值观。一个社会在发展过程中内部成员出现分歧时，核心价值观时刻提醒人们不能偏离共同的价值追求，否则社会秩序可能会崩溃。当一个社会在发展过程中面临外部的巨大压力时，内部成员即使有矛盾和冲突，核心价值观也能够把各方凝聚起来，形成一致对外的共同力量。世俗化国家一般都把爱国作为核心价值追求，面对外敌入侵时，在爱国主义的引领下，各方能够做到把国家利益放在首位，共同抗敌。社会成员虽然都是单个的个体，但一旦有了核心价值观的引领，就能够凝聚在一起，形成强大的合力，朝着共同的目标前进。相反，如果一个社会没有确立核心价值观，往往就是一盘散沙，容易被逐个击破。中华民族在历史上正是因为形成了较稳固的核心价值观，把各族人民凝聚在一起，才克服了各种艰难险阻，始终屹立于世界民族之林。

**4. 核心价值观是国家社会个人的行为规范，具有规范功能。**核心价值观是社会大众一致认可的道德规范的高度概括的表达，既体现了社会的价值导向，也明确规定了各类主体的行为规范要求。国家如何治理？社会如何发展？个人如何行为？最根本的就是要遵守核心价值观的要求。核心价值观确立了国家治理的规范性要求，明确了社会发展的价值性理念，明示了全体社会成员的普遍性道德。“核心价值观，其实就是一种德，既是个人的德，也是一种大德，就是国家的德、社会的德。”① 对于国家治理而言，政策和法律的制定、具体的执法，都要以核心价值观为参照，将核心价值观的要求融入国家治理的全过程。社会利益冲突的调整、社会各种矛盾的化解也需要以核心价值观为指导，将核心价值观作为社会发展的价值共识。个人的行为想要得到社会大众的认同，同样需要践行核心价值观的要求，明确“应为”“可为”“勿为”的界限，从而强化个人行为的底线要求。

**5. 核心价值观激励人们为之而努力奋斗，具有动力功能。**核心价值观深入人心后，将成为社会成员的奋斗目标，激励人们沿着核心价值观设定的路径不断前行。人们在内心深处接受一种价值观念后，将不断强化对这种价值观念的情感，不断坚定践行这种价值观念的意志，这种价值观念将内化为个体的道德信仰。个体的道德信仰一旦形成，如果越来越多的人认同并加入了这种信仰，这种价值观念将发展成整个社会的信仰。核心价值观的力量是无穷的，能激励人们不惧风险和挑战，甚至为之抛头颅、洒热血。在核心价值观的引领下，人们的潜能得到激发，激励着人们不懈奋斗。核心价值观确立后，将成为社会的精神支柱和人们的人生信念，核心价值观事实上就是一个社会的“魂”，也是一个社会最大的软实力。

## 二　社会主义核心价值观的历史背景

中国传统社会的核心价值观是什么？资本主义社会核心价值观是什么？当前中国社会为什么要培育社会主义核心价值观？把握培育社会主义

① 《习近平谈治国理政》第一卷，外文出版社2018年版，第168页。

核心价值观的历史背景，厘清中国传统社会的核心价值观、资本主义社会核心价值观与社会主义核心价值观的关系，有助于人们深刻认识培育和践行社会主义核心价值观的重大意义。

### （一）中国传统社会的核心价值观

核心价值观是一个历史的概念，其内容随着时代的发展而发展。在中国古代社会，法家和道家的思想虽在历史上有着重要的地位，但自汉武帝"罢黜百家，独尊儒术"以来，儒家思想被历代统治者奉为正统，汉章帝白虎观会议后，以儒家"仁爱"为核心的道德观念正式成为社会的核心价值观。

孔子的伦理学说以"仁"为核心，提出较系统的德目体系，框定了儒家思想的核心要义。"仁"是中国古代一种含义极广的道德观念，孔子把"仁"定义为"爱人"，其践行要求即"忠恕之道"。忠就是"己欲立而立人，己欲达而达人"（《论语·雍也》），恕就是"己所不欲，勿施于人"（《论语·颜渊》）。孔子把"仁"作为最高的道德原则、道德标准和道德境界。他第一个把整体的道德规范集于一体，形成了以"仁"为核心，包括孝、弟（悌）、忠、恕、礼、知、勇、恭、宽、信、敏、惠等内容的伦理思想结构。其中孝悌是仁的基础，是仁学思想体系的基本支柱之一。他提出要为"仁"的实现而献身，即"杀身以成仁"的观点。

孟子提出"仁义礼智"四项道德原则，奠定了儒家道德体系和价值观念的理论基础。孟子在孔子学说的基础上，还提出著名的仁政理论，要求把仁的学说落实到具体的治国实践中。孟子主张实行王道，反对霸道政治，通过仁政使政治清平，人民安居乐业。

到汉代，董仲舒建构了"三纲五常"的理论体系，"三纲"是"君为臣纲、父为子纲、夫为妻纲"，"五常"是仁、义、礼、智、信，并将"三纲五常"天意化，迎合了封建统治者的需要。此后，程朱理学将"三纲五常"本体化，陆王心学将"三纲五常"内心化。但儒家各个时期的代表人物仍然以仁为核心，将仁、义、礼、智、信作为最高的道德价值追求。在历代儒家不断的浇灌和护理之下，仁爱理论历经两千多年的时空穿越，终于长成了一棵参天大树。仁、义、礼、智、信“五常”成为中国传统社会的基本道德规范，而“仁”居首。

儒家“三纲五常”之所以能成为封建社会的核心价值观，并非偶然，而是具有历史的必然性。儒家“三纲五常”与自然经济相适应，是农业社会的主导价值形态，这是其能成为核心价值观的根本原因。核心价值观的形成有其深刻的社会经济根源，它是人们在社会实践中形成的道德关系的反映和概括，是一定社会维护发展其经济关系和正常社会秩序的客观要求。“三纲五常”作为中国传统社会核心道德价值共识，其经济基础是农业社会的自然经济，其社会基础是家国一体、由家及国的治理路径和社会结构，其目的是维护具有差序格局特征的封建社会的等级制度。传统社会伦理中以君臣、父子、夫妇、兄弟、朋友为“五伦”，这五种人伦关系是一对一的关系。根据仁爱的要求，在这五种人伦关系中，个体所处的角色是各不相同的，君臣、父子、夫妇、兄弟、朋友之间的伦理要求也就不一样，即要求“君臣有义、父子有亲、夫妇有别、长幼有序，朋友有信”。由“仁”引申出来的道德行为规范要求强调“礼”。古代礼是与自然经济基础和宗法制度相适应的调整社会关系的模式和结构，是调整政治、经济、军事、司法、教育、婚姻、家庭等各方面行为规范的总和。礼的基本原则是“尊尊”“亲亲”。尊尊为亲，亲亲为孝，这说明维护王权与父权是礼的核心。“三纲五常”作为中国传统社会核心价值观，虽在社会发展过程中起到过缓和社会矛盾的积极作用，但从其确立之日起就是为封建社会统治阶级服务的，其根本目的是维护封建社会的等级制度。

儒家“三纲五常”之所以能成为封建社会的核心价值观，还有一个非常重要的原因，那就是儒家思想有深远的历史基础，孔子和孟子继承了西周以来的主流道德思想。与其他各派理论相比较，儒家思想最为系统和成熟。另外，儒家广招弟子，思想传播广，社会认可程度高。所以，儒家仁爱成为封建社会的核心道德价值追求，被奉为统治阶级的正统思想是一种历史的选择。

中国传统社会儒家“三纲五常”的核心价值观根植于自然经济，强调等级治理，服务于封建统治阶级。在封建社会，受小农经济生产方式的制约，这种基于身份差异的道德治理模式在当时的历史条件下有其合理性，在一定程度上缓和了阶级矛盾，维护了封建社会的统治秩序。然而，近代以来，随着工业化的发展，自然经济逐渐解体，传统社会推崇“三纲五常”的核心价值观在近代以后遭遇了时代困境，根植于市场经济的自由平等价值观已成为资本主义社会的发展潮流。中国传统社会儒家“三纲五常”是建立在等级关系的基础上，人与人的人格是不平等的，整个社会是一个金字塔型的结构，从下层到上层的人员流动极其困难。近代以来，随着资本主义生产方式的发展，封建社会的这种等级治理模式逐渐解构了。社会主义制度建立后，逐步形成了人与人平等的社会关系。特别是建立社会主义市场经济体制后，自由、平等、权利观念深入人心。这就使得中国传统社会儒家“三纲五常”的核心价值观，与当代的治理体系产生了冲突。

经济基础的变化和社会结构的转型是传统社会核心价值观逐渐解构的根本原因。在中国当代社会人际交往结构从差序格局向平等格局发展的背景下，仁爱作为产生并适应于差序格局人际交往结构的核心价值观逐渐失去了合理性与正当性。近百年来的西方化、革命化、市场化，以及对传统道德的批判，加速了传统社会核心价值观的消解。社会主义市场经济条件下，鲜明的现代精神如民主精神、法治精神、科学精神、创新精神、开放精神、竞争精神，不断式微传统社会仁爱价值统辖下的专制精神、人治精神、迷信精神、守业精神、保守精神、中和精神，正在改变着中国人的精神面貌。但由于传统仁爱思想是中华民族传统文化的结晶，源远流长，内容极其丰富，对中国人的影响极其深远，如何在现代社会的条件下，重新定位传统仁爱的思想价值，继承和弘扬好传统仁爱思想当中的精华，剔除掉传统仁爱思想中的糟粕，对于当代社会核心价值观的构建具有极其重要的意义。

### （二）西方资本主义社会的核心价值观

西方资本主义社会的核心价值观可以追溯到古希腊，随着社会形态的变化而不断发展深化，并对当代资本主义社会的发展起着重要的作用。历经中世纪基督教的千年统治后，西方迎来了文艺复兴时期。文艺复兴就是反对封建专制和宗教统治、复兴民主和科学的社会革命和思想解放运动。它要求独立、自由、个性解放、尊重人的价值和能力，要求决定自己生活道路的权利和积极愿望，实现现世生活的幸福。以个人主义代替权威主义，是文艺复兴时期的重要精神特征。西方近代以来的道德价值形成了较为完整的体系，其核心价值观就是"自由、平等和博爱"。启蒙运动后，西方社会道德价值追求从对上帝的信仰回到了现实社会。资产阶级思想家重拾理性的武器，通过社会契约论，高举"自由、平等和博爱"的大旗。卢梭认为，一切立法体系、道德体系的最终目的是全体人民的最大幸福。这个最大幸福是什么，卢梭认为就是通过理性所发现的"自由、平等和博爱"。在追求"自由、平等和博爱"的旗帜下，西方建立了资本主义的社会制度。直到今天，"自由、平等和博爱"仍然是西方社会的核心价值观。核心价值观是一个社会共同的道德价值追求，即一个社会的道德价值共识。

考察西方近代以来的历史，可以发现西方资本主义社会对"自由、平等和博爱"核心价值观在认识上也是逐步深化的。核心价值观是社会历史的反映，是现实生活的映射，社会发展的历史进程决定着核心价值观的内容结构。

西方对核心价值观的不断反思主要是在自由和平等之间。在罗尔斯之前的思想家所强调的主要问题是自由。自由是罗尔斯之前社会首要的价值追求。在西方自由主义思想发展过程中，洛克和约翰·密尔是代表性人物。洛克作为自由主义的奠基人，全面论述了自由主义的基本思想，其思想是西方资本主义社会制度建立的理论支撑。约翰·密尔则是古典自由主义的完成者，他的两部代表性著作《论自由》和《代议制政府》，主题都是自由。

自由成为资本主义的核心道德价值理念绝非偶然，而是有其历史的必然性。从经济上看，自由是市场经济的内在要求。没有自由，就无法形成竞争，市场经济将失去动力。没有自由，市场的各种要素就无法根据市场要求来运作，价值规律将失去作用。所以自由是市场经济的生命力所在。从政治上看，自由是民主政治的本质所在。推翻封建专制制度，发展资本主义民主，重要目的就在于追求自由。没有自由的民主是假民主，只有建立在自由基础上的民主才是真民主。资本主义思想家设计三权分立的政治制度，就是要通过权力的相互制约来保障民众的自由。从文化上看，自由可以追溯到古希腊罗马时期，是欧洲文艺复兴的核心理念。人们对自由有各种各样的理解，但作为资本主义核心价值理念的自由，其含义是确定的，那就是在遵守法律的前提下，每个人都能按自己的意愿行事，而法律本身应是每个社会成员个人意志的体现。这种自由的理念已经深入西方人的骨髓，资本主义社会也是根据这种自由的要求建立起来的。

早期资本主义强调自由，也追求平等，但这种平等更多的是追求一种形式上的平等。“占统治地位的将是越来越抽象的思想，即越来越具有普遍性形式的思想。因为每一个企图取代旧统治阶级的新阶级，为了达到自己的目的不得不把自己的利益说成是社会全体成员的共同利益，就是说，这在观念上的表达就是：赋予自己的思想以普遍性的形式，把它们描绘成唯一合乎理性的、有普遍意义的思想。”① “平等”作为反对封建统治的最有力的口号，资产阶级是不会轻易丢弃的。不可否认的是，相对于封建等级社会，资本主义的平等有其进步性，这主要体现在：强调“人格的平等，即不论出身、种族、贫富、强弱、老幼、男女都有平等的人格尊严；权利的平等，即所有人都享有相同的社会权利；机会的平等，社会的一切机会向所有人开放；规则的平等，即如在法律面前人人平等那样的规则适用于所有人”②。但不论是人格的平等、权利的平等、机会的平等还是规则的平等，其落脚点都是为了保障自由。以自由为目的的平等更多的是一种形式上的平等，因为在市场经济条件下，自由竞争、优胜劣汰的结果必然会导致实质的不平等。在这种意义上讲，在自由与平等二者之间，资本主义早期社会道德价值追求的主要侧重点是自由，而不是平等。

强调自由和形式上的平等而导致结果的不平等是资本主义社会道德价值理念的内在矛盾。在资本主义早期，社会发展的层次较低，市场主体的

① 《马克思恩格斯文集》第一卷，人民出版社 2009 年版，第 552 页。

② 江畅：《西方近现代主流价值文化构建的启示》，《人民论坛 · 学术前沿》2012 年第 14 期。

主导力量还不强，自由竞争的空间较大，这种矛盾并不明显。但随着资本主义的发展，特别是当资本主义进入垄断阶段后，扼杀了自由竞争的空间，贫富差距不断扩大，社会冲突越来越严重，造成阶级对立，这种价值理念的内在矛盾越来越尖锐。强调自由和形式上的平等已无法解决社会矛盾，必须重新认识平等问题。平等问题重新得到了重视，开始追求社会公正。社会公正的一般含义是使社会成员各得其所，对于资本主义价值体系而言，其公正只能是这样的，即"在肯定和维持自由竞争导致的社会事实上的不平等前提下，使自由与事实上的不平等控制在一定的范围之内，使这两者之间的矛盾不至于导致严重的社会冲突。其实际的处理方法就是给社会的弱者提供适当的社会保障，使他们能正常生活下去，尽管不富有。因此，资本主义的公正实际上就是自由竞争加上必要的社会保障。即资本主义意义上的社会成员各得其所"①。

这种思路在罗尔斯的《正义论》中体现得非常明显。罗尔斯把正义视为现代社会价值的主题，并认为正义就意味着平等，从而将社会道德价值追求主要侧重点由自由转向了平等。罗尔斯认为，自由和平等两价值是联系在一起的，没有平等的自由只是形式上的自由。罗尔斯在《正义论》中提出了著名的两个正义原则，第一个原则是平等自由的原则，第二个原则是机会的公正平等原则和差别原则的结合。其中，第一个原则优先于第二个原则，而第二个原则中的机会公正平等原则又优先于差别原则。罗尔斯的正义论明显具有一种平等主义的倾向。

西方核心价值观侧重点的转换是西方资本主义社会发展的内在要求和现实反映。西方各国建立了资本主义制度后，进入了自由资本主义时期，在这个发展阶段，社会积极排除政府的干预，相信市场万能，放任市场的自由发展，自由成为社会的首要价值追求，一切与自由相冲突的价值都有可能被贴上不道德的标签。可是好景不长，随着资本主义经济危机的频频发生，特别是发展到垄断资本主义阶段后，社会矛盾日益恶化，为缓和各阶级矛盾，维护资产阶级的统治，追求适度的平等开始为社会所重视。人

---

① 江畅：《西方近现代主流价值文化构建的启示》，《人民论坛·学术前沿》2012 年第 14 期。

们开始重新审视市场和政府之间的关系，各国开始重视关心弱势群体，着手建立社会保障体系，一些国家甚至形成了“从摇篮到坟墓”的福利政策。20 世纪后期，虽然新自由主义成为西方社会的主流价值思想，但对于平等的追求已深入人心。

对于自由和平等的追求，也是被压迫阶级自己通过斗争争取的结果。政治权利是自由和平等最核心的内容，但资本主义各国建立之初，都存在着各种歧视政策，选举权和被选举权有着诸如种族、财产、性别等各种限制。没有“二战”后黑人的反抗运动，自由和平等之光可能到现在都没有照耀到他们身上。正是因为有被压迫民众的斗争，西方社会核心价值自由和平等的主体才不断得到扩大，自由和平等的内容才不断得到扩展。

“博爱”思想与基督教有密切的联系，也是西方人道主义的重要内容。基督教的相关理论是“博爱”思想的主要来源，“博爱”即要广泛地去爱一切人和生命。启蒙运动以前，“博爱”的出发点是神爱。启蒙运动时期，反对神性，张扬人的理性，人们又从理性主义出发来认识爱。培根认为自爱是个人利益基础，也是公共利益的道德基础，所以善德就是利人、爱人，即要“有利全人类”、要“爱一切人”。[①] 伏尔泰指出，要用符合人性的伦理原则代替封建宗法原则，指出从人的本性来说，“爱”应该成为人类社会的伦理原则。[②] 19 世纪，西方人道主义以人本主义形态出现，把“博爱”看作人道的中心和人性的主要内容，认为“博爱”符合人性要求的内在规定性。关于“博爱”，西方近代道德观一反中世纪基督教的爱，而强调自爱不是自私，自爱是人的本质，是道德的基础。法国启蒙思想家认为，人的本性自私，趋乐避苦，自爱、自保是人的本能。西方近代以来的“博爱”思想，除了强调爱他人，也注重爱自己，人与人的关系应是建立在爱的基础上，“爱”是基本的伦理原则。费尔巴哈认为，如果人的本质就是人所以认为的至高本质，那么，在实践上，最高的和首要的原则，

---

① 参见余仕麟《伦理学要义》，四川出版集团、巴蜀书社 2010 年版，第 167 页。

② 参见余仕麟《伦理学要义》，四川出版集团、巴蜀书社 2010 年版，第 167 页。

也必须是人对人的爱，并要把爱推广到爱社会、爱国家，乃至达到对整个人类的爱。①

西方资本主义社会“自由、平等、博爱”三大核心价值有一个共同的终极价值目标，就是追求实现个人的幸福。资本主义核心价值观的初衷是要把人从宗教的桎梏中解放出来，恢复人文精神，去除人精神上的枷锁，通过法律上的自由、平等，为资本主义市场机制的运行提供条件，期待通过自由而平等的竞争实现个人的幸福。“这种价值目标首先肯定幸福是每个人的，个人是幸福的主体，个人对自己负责，个人的幸福主要靠自己去追求和实现。”② 所以，不可否认的是，资本主义核心价值观的立论基础是个人主义。社会在个人追求和实现幸福的过程中，只能为之提供安全稳定的社会环境，制定防止人们在追求幸福的过程中相互妨碍和伤害的规则，并确保这种规则得到遵守。随着资本主义的发展，为了缓和社会矛盾，社会保障制度才逐步建立起来，为那些不能自食其力的社会成员提供基本生活保障。然而，直到今天，资本主义社会追求个人幸福的终极价值目标并没有改变，其侧重个人利益的本质导致其发展带有极大的局限性。总之，资本主义核心价值观的源头是西方思想史上长期占主导地位的个人主义，其终极目标就是通过追求个人利益实现个人的幸福。由于资本主义社会个人利益的实现主要依赖资本增殖，然而资本主要由少数人拥有的事实决定了资本主义核心价值观的虚伪性，全体社会成员的普遍自由和幸福终究难以实现。

## 三 培育社会主义核心价值观的重大意义

培育社会主义核心价值观是当代中国社会自身发展的内在要求，也是发展社会主义市场经济的需要，关系到国家的长治久安，是中华民族伟大复兴的基础性工程。

---

① 参见余仕麟《伦理学要义》，四川出版集团、巴蜀书社 2010 年版，第 169 页。

② 江畅：《西方近现代主流价值文化构建的启示》，《人民论坛·学术前沿》2012 年第 14 期。

### （一）坚持和发展中国特色社会主义的内在要求

选择走什么路是国家发展的先决问题。中国为什么要选择中国特色社会主义道路？与其他道路相比较，中国特色社会主义道路到底好在哪里？这是中国未来发展必须回答的问题。中国特色社会主义“好”，前提是马克思主义“行”、中国共产党“能”。中国特色社会主义道路是历史的选择，也是人民的选择。经过改革开放四十多年的努力，中国取得了举世瞩目的成就。然而，面对百年未有之大变局，世情和国情都发生了巨大变化，中国要如何坚持和发展中国特色社会主义？要坚持和发展的中国特色社会主义到底又是一个什么样的社会？这是每一个中国人都关心的问题，也是深化改革开放必须回答的问题。核心价值观是现实社会的价值共识，也是未来社会的目标追求，是未来改革发展的价值引领。社会主义核心价值观就是中国特色社会主义的价值主张，也是中国特色社会主义的优势所在。

培育和践行社会主义核心价值观，是中国特色社会主义的“铸魂工程”。一个社会的文明程度不仅取决于物质文明的发展，也取决于精神文明的发展。如果没有精神文明的“加持”，物质文明很难长久。精神文明看似柔弱无力，却是人们内心的信念所在。社会主义核心价值观是当代中国精神文明的高度凝练，也是社会主义精神文明的精髓。社会主义核心价值观从价值层面深入回答了中国特色社会主义的本质特征，也就是中国特色社会主义的价值之“魂”。社会主义核心价值观提出了国家和社会发展的长远目标，确立了是非对错的评价标准，保证中国特色社会主义始终沿着正确方向前进。培育和践行社会主义核心价值观就是确立国家、社会和个人的行为规范，让国家的制度、政策和法律的制定与实施有了清晰的价值导向。社会主义核心价值观为中国特色社会主义道路设定了发展路径，全方位回答了中国特色社会主义道路将走向何方这一重大问题。

### （二）发展社会主义市场经济的需要

核心价值观是市场健康运行的道德基础。市场经济是法治经济，也是道德经济。市场经济需要通过法律来确立市场主体的资格、明确市场交易的规则、确定市场交易的结果，没有统一的法律就没有统一的市场，也就不会有市场经济。西方资本主义国家的发展模式有一个共同的特征，就是通过各种方式掌握国家政权后，通过立法的形式构建起市场经济的制度框架。所以说，法治是市场经济的基础。然而，要发挥市场的决定性作用，除了依靠法律来规范，还要求市场主体的道德自律。法律主要是他律，道德主要是自律，他律和自律对于市场经济而言都是不可或缺的。仅靠法律来维护市场的秩序，法治的成本太高，现实中是难以持续的。西方是宗教社会，资本主义在发展过程中，新教伦理发挥了不可或缺的作用，如果没有宗教道德来约束市场主体，资本主义无法发展到今天。对于西方资本主义的核心价值观“自由、平等、博爱”，学界对“自由”和“平等”研究较多，对于“博爱”对西方资本主义社会的重要性认识不够。“博爱”是西方基督教伦理的核心理念，对于调节和缓和资本主义的阶级矛盾起到了重要作用，对于规范资本主义市场秩序也发挥了不可替代的功能。西方资本主义社会的核心价值观对于资本主义经济的发展起到了至关重要的作用。

发展和完善社会主义市场经济同样离不开社会主义核心价值观的支撑。市场经济是把双刃剑，可以促进经济发展，也可以使经济主体的三观扭曲。改革开放后，中国建立社会主义市场经济的过程中，一些人受西方拜金主义的影响，丧失了道德信仰。“一些地方、一些领域不同程度存在道德失范现象，拜金主义、享乐主义、极端个人主义仍然比较突出；一些社会成员道德观念模糊甚至缺失，是非、善恶、美丑不分，见利忘义、唯利是图，损人利己、损公肥私；造假欺诈、不讲信用的现象久治不绝，突破公序良俗底线、妨害人民幸福生活、伤害国家尊严和民族感情的事件时有发生。”① 坚持和完善社会主义市场经济体制，不但要重视法律作用，也要重视培育和践行社会主义核心价值观，“坚持德法兼治，以道德滋养法治精神，以法治体现道德理念，全面贯彻实施宪法，推动社会主义核心价

① 《新时代公民道德建设实施纲要》，《人民日报》2019 年 10 月 28 日第 1 版。

值观融入法治建设，将社会主义核心价值观要求全面体现到中国特色社会主义法律体系中”[①]。社会主义核心价值观有助于强化市场主体的道德敬畏感，提升市场主体的规则意识，筑牢市场主体的道德底线。社会主义核心价值观有助于营造公平、诚信的市场氛围，让市场主体恪守经济伦理的要求，建立市场交易的信任机制，维护市场经济的基本秩序。培育和践行社会主义核心价值观，能够尽量有效避免市场经济的负面作用，发挥市场经济的积极作用。

### （三）维护社会稳定、构建和谐社会的基本要求

维护社会稳定有两种力量，一种是外在的威慑，一种是内在的认同。历史已经证明，仅靠外在的威慑是难以维持国家的长期稳定的。从中国古代历史来看，严刑峻法的朝代往往都是短命的王朝。培养社会成员对国家治理内在的价值认同是维持社会稳定更有效、更持久、更强大的力量。矛盾无处不在、无时不在，维护社会稳定、构建和谐社会不是要消灭所有的矛盾，而是要在一定程度上形成利益共同体和价值共同体，把对立关系转化为统一关系，形成维护社会稳定的合力。利益共同体和价值共同体相互作用、相互影响，社会的和谐稳定不仅依赖利益共同体的生成，也依赖价值共同体的支撑。社会主义核心价值观是结成价值共同体的基础，是社会和谐稳定的价值根基。培育和践行社会主义核心价值观，有助于夯实当代中国的价值共识，产生战胜各种困难的精神动力，从而维护社会的长治久安。

社会主义核心价值观是当代中国全体社会成员在价值认同上的最大公约数。面对社会多元化的现实，达成共识才能避免冲突和内耗。在当代中国价值观领域，“一”和“多”是辩证统一的，社会主义核心价值观处于“一元主导”的地位，其他价值观处于“多元共存”的地位。社会主义核心价值观是当代中国全体人民共同的价值诉求，代表了全体人民的根本利益，在价值观的体系中处于主导地位。任何政策和法律如果违背了社会主

① 《新时代公民道德建设实施纲要》，《人民日报》2019 年 10 月 28 日第 1 版。

义核心价值观的要求，都难以得到社会大众的认同，最终都难以真正落实。所以当前中国社会“要持续深化社会主义核心价值观宣传教育，增进认知认同、树立鲜明导向、强化示范带动，引导人们把社会主义核心价值观作为明德修身、立德树人的根本遵循”①。社会主义核心价值观不仅体现了共同的价值理念，其本身也是一种合理的利益导向。社会主义核心价值观的引领，有助于全社会形成合理的利益关系，让全体社会成员感受到公平公正，提升全体社会成员的获得感、幸福感，从而使其自觉地维护现有的秩序和规则，并勇于同破坏社会秩序和规则的违法犯罪行为作斗争，让每个人都自觉为维护社会稳定、构建和谐社会贡献力量。

### （四）中华民族伟大复兴的必然要求

核心价值观是一个国家的软实力。在大国竞争中，核心价值观的影响力代表着国家的对外竞争力。一个大国，如果没有形成先进的价值观，很难真正成为有长期影响的大国。中国近代之所以落后于西方，从价值观的角度来看，就是因为中国传统社会基于身份等级的核心价值观无法适应新的生产方式的要求，西方资本主义社会基于市场经济的核心价值观超越了封建社会的价值观。一个没有核心价值观的国家或民族，对内无法凝聚人心，对外无法与他国平等交流，必然会屈服于其他强势的国家，甚至成为其他国家的附庸。西方资本主义强国的对外扩张，不仅仅是军事、经济和政治的扩张，也体现为文化的扩张。美国利用“好莱坞”进行文化输出，宣传西方价值观，其实是一种新型的文化殖民。中华民族要实现伟大复兴的历史使命，必须确立起自身的价值观，而且这个价值观一定要超越西方资本主义核心价值观。

培育社会主义核心价值观是中华民族自信自强的内在要求。西方“普世价值”以抽象人性论为基础，立足于西方资产阶级虚幻的世界观和价值理论，把民主、自由、人权等奉为超阶级、超国家、超时空的“普世价值”，是一种绝对化的思维方式。西方“普世价值”以宣扬自由、民主、人权等道德伦理为借口来干涉别国内政、污蔑和攻击马克思主义，利用意

① 《新时代公民道德建设实施纲要》，《人民日报》2019 年 10 月 28 日第 1 版。

识形态渗透宣扬西方资产阶级主张的价值理念，从而达到“西化”和“分化”他国的目的，带有价值诱导性、价值干预性和价值同化性。“普世价值”以西方价值理念为核心，以霸权主义和零和博弈为思维方式，主张以西方价值观作为衡量和评估其他价值理念的唯一标准，具有排他性、狭隘性和虚伪性。西方“普世价值”标榜“自由、民主、人权、博爱”，但其主张脱离生产方式、缺乏实践性、否认阶级性。社会主义核心价值观的内容具有科学性、人民性、实践性、发展性的特征。社会主义核心价值观和西方资本主义核心价值观的“对垒”，是当今世界意识形态尖锐斗争的表现。社会主义核心价值观对西方资本主义核心价值观的“超越”，是人类文明进步的必然。“超越”是两种价值观理论优劣的比较结果，也是两种价值观实践成效的对比结果。这种“超越”并非一蹴而就，而是在我国各民族长期的相互交流、借鉴和融合中实现的。

## 四　社会主义核心价值观的基本内容

党的十八大报告提出，要“倡导富强、民主、文明、和谐，倡导自由、平等、公正、法治，倡导爱国、敬业、诚信、友善，积极培育社会主义核心价值观”[①]。“三个倡导”分别从国家、社会和个人三个层面高度凝练地概括了社会主义核心价值观的基本内容。

### （一）国家层面的价值目标：富强、民主、文明、和谐

“求木之长者，必固其根本；欲流之远者，必浚其泉源；思国之安者，必积其德义”（《谏太宗十思疏》）。中国近代以来的历史，让中国人民深刻理解了无国即无家，没有国家的强大就没有人民的幸福，所以党的十八大报告把国家层面“富强、民主、文明、和谐”的价值追求置于社会主义核心价值观的首要层面。

---

① 胡锦涛：《坚定不移沿着中国特色社会主义道路前进 为全面建成小康社会而奋斗——在中国共产党第十八次全国代表大会上的报告》，人民出版社2012年版，第31—32页。

**1. 富强**。国家富强是社会进步的基础，是个人幸福的保障。一部人类发展史，就是人类追求富强的历史。国家没有一定的物质基础，社会很难有进步，人民生活很难有保障。满足人们需要的资源具有稀缺性的特征，对物质财富的追求是人类社会的永恒追求，物质上富裕是人们一直以来的奋斗目标。自古以来，国家富强，百姓生存才有保障；国家如果积贫积弱，百姓定是生活在水深火热之中。国家不仅要富，而且要强，国家富而不强在这个弱肉强食的世界是一种灾难。鸦片战争时，中国经济总量位居世界第一，但还处于农业文明时代，而西方主要资本主义国家已完成了工业革命，进入了工业文明时代，现代化建设的代差让中国开始逐渐沦为半殖民地半封建社会。此后，中国人民把实现民族复兴、实现现代化作为自己最重要的使命。富强是社会主义现代化建设的基本价值目标。富起来，才能解决挨饿的问题；强起来，才能真正解决挨打的问题。革命流血牺牲，建立了中华人民共和国，为中华民族实现富强提供了条件。通过三大改造，中国建立了自己的工业体系；通过改革开放，中国人民“富”起来了；现在全体中国人民正在努力实现让国家“强”起来的目标。中国人民依靠自己走出了一条中国式现代化道路，找到了一条实现富强的正确道路。

**2. 民主**。民主是人类普遍追求的一种价值理念，是人类共同的政治理想。在马克思主义政治思想中，民主更是一种核心价值理念。中国共产党在新民主主义革命时期就高举民主的旗帜，反对国民党反动派的独裁专制统治，根据地的民主建设卓有成效。在1945年的延安，毛泽东与来访的民主人士黄炎培探讨了历史周期率问题。毛泽东满怀信心地回答说：“我们已经找到了新路，我们能跳出这周期率。这条新路，就是民主。只有让人民起来监督政府，政府才不敢松懈。只有人人起来负责，才不会人亡政息。”①社会主义制度建立后，人民的民主权利有了制度保障，中国人民开始了民主治国的探索。在发展社会主义民主的实践中，中国人民既有成功的经验，也有失败的教训。改革开放后，中国人民成功走出了一条中国特色社会主义民主建设道路，民主成为中国特色社会主义的本质要求。党的

---

① 吕澄等主编：《党的建设七十年纪事》，中央党史出版社1992年版，第204页。

十八大以来，全过程人民民主思想逐渐形成，中国特色社会主义民主政治展现出更加旺盛的生命力和更加辉煌灿烂的发展前景。全过程人民民主是中国共产党民主集中制的最新发展，也是中国人民民主实践的最新成就。全过程人民民主超越了西方的选票民主、金钱民主，既防止了西方简单的“唯票论”和“多数决”，又保证了人民的民主权利真正得到落实，做到了全过程尊重人民群众的意愿，维护人民群众的利益。全过程人民民主有助于调动人民群众的积极性、主动性和创造性，在实现中国梦的伟大征程中，每一个中国人正以前所未有的主人翁姿态，“通过各种途径和形式管理国家和社会事务、管理经济和文化事业，共同建设，共同享有，共同发展，成为国家、社会和自己命运的主人”①。

**3. 文明**。文明与愚昧、无知、落后相对应，是人类进步的重要标志，人类发展史就是一部人类文明史。有人类生存的地方，就会打下人类活动的印记，就会形成带有当地特色的文化。从人类发展史来看，文化有优劣之分，既有精华，也有糟粕。文明是人类创造的文化中的精华，代表着一种文化的高度。“文明时代是学会天然产物进一步加工的时期，是真正的工业和艺术产生的时期。”② 文明作为一种价值追求，对社会主体的实践活动起着十分重要的价值导向作用。先进的文明滋润人的心灵，推动社会进步，形塑着国家的面貌；落后的文明让人愚昧无知，阻碍创新，限制人的发展。在四大古文明中，中华文明是世界上唯一没有中断、延续至今的文明形态，造就了中华文明强大的生命力。近代以来，中华文明遭遇了重大的生存危机，西方工业文明的强势一度让中国人失去了自信心。在中国人民的抗争和努力下，中华文明迎来了新的生机和活力。当代国际竞争中，谁占据了文化发展的制高点，谁就能在国际竞争中掌握话语权。“没有先进文化的积极引领，没有人民精神世界的极大丰富，没有全民族创造精神的充分发挥，一个国家、一个民族不可能屹立于世界先进民族之林。”③ 在

---

① 《习近平谈治国理政》第一卷，外文出版社 2018 年版，第 139 页。

② 《马克思恩格斯选集》第四卷，人民出版社 1995 年版，第 24 页。

③ 中共中央文献研究室编：《十六大以来重要文献选编》（下），中央文献出版社 2008 年版，第 752 页。

社会主义核心价值观中，“文明”集中体现着社会主义先进文化的前进方向和社会主义精神文明的价值追求。建设文明国家，是中国共产党始终不变的价值追求。在革命战争年代，建设文明国家就是中国共产党领导人民进行革命的目标之一。毛泽东强调：“不但要把一个政治上受压迫、经济上受剥削的中国，变为一个政治上自由和经济上繁荣的中国，而且要把一个被旧文化统治因而愚昧落后的中国，变为一个被新文化统治因而文明先进的中国。”① 在社会主义建设和改革开放新时期，中国共产党一再强调，物质文明和精神文明都是社会主义建设的重要内容，二者相互支撑，不可偏废。“贫穷不是社会主义；精神生活空虚，社会风气败坏也不是社会主义。”② 进入新时代后，中国共产党将社会主义文明上升到兴国之魂的高度。“实现中国梦必须弘扬中国精神。这就是以爱国主义为核心的民族精神，以改革创新为核心的时代精神。这种精神是凝心聚力的兴国之魂、强国之魂。”③

**4. 和谐**。和谐是社会治理和发展的价值目标。自人类社会产生以来，对和谐社会的追求就成为一种重要的价值取向。中国古人在观察自然万物时，得出一个基本的结论，那就是虽然万物生生相克，但整个世界是有序的、和谐的，和谐是世界的本质特征。在中国传统文化中，社会治理的最高境界就是和谐。中华文明从不寻求唯我独尊，而是强调各种文明应加强交流和互鉴，和平性是中华文明的鲜明特征之一。和谐让世间万物各司其职，各得其所，和和美美。马克思主义认为，万事万物既是对立的，又是统一的，和谐是矛盾的一种表现形式，是在承认事物多样性、差异性的前提下，矛盾双方处于相互依存、互为条件、协调发展的合理状态。构建和谐社会是中国共产党执政兴国的一贯诉求，是中国特色社会主义的本质属性。2004 年党的十六届四中全会首次明确提出“和谐社会”的概念。2006 年党的十六届六中全会通过了《中共中央关于构建社会主义和谐社会若干

---

① 《毛泽东选集》第二卷，人民出版社 1991 年版，第 663 页。

② 中共中央文献研究室编：《社会主义精神文明建设文献选编》，中央文献出版社 1996 年版，第 473 页。

③ 《习近平谈治国理政》第一卷，外文出版社 2018 年版，第 40 页。

重大问题的决定》，指出要切实把构建社会主义和谐社会贯穿中国特色社会主义建设全过程。党的十八大以来，和谐社会建设是深化改革的重点任务。就人类历史的未来发展而言，和谐世界是人类的共同价值追求。和谐减少矛盾和冲突，形成应对挑战和困难的合力。世界发展已到了“我中有你，你中有我”的状态，追求和谐相处而不是消灭对手才是人类的出路。面对百年未有之大变局，在“和”的理念指导下构建人类命运共同体是世界发展的必然趋势。

### （二）社会层面的价值取向：自由、平等、公正、法治

“自由、平等、公正、法治”作为社会层面的价值取向，既体现了中国特色社会主义的价值导向，又继承了中华优秀传统文化的历史精神，也吸收了人类文明发展的优秀成果。

**1. 自由**。整个人类社会的历史就是一部追求自由的历史。自由是一个内涵丰富的概念，自由主义大师柏林说，对自由的解释竟然有200多种。但严格地讲，现代意义上的自由是近代思想启蒙和资产阶级革命的产物。虽然学界对自由的解释角度和侧重点不同，但是，无论思想家们从何种角度出发，其对自由的论证意在说明：自由是一个人本质力量和自由个性发挥程度的主要标志。自由是人的潜在能力的外在化，是人的自我意识的现实化，是人类发展的助动力，要求自由的欲望是人类所具有的一种普遍特性。卢梭强调：“取消了自己意志的自由，也就是取消了自己行为的一切道德性。”①汤因比甚至指出：“没有一种最低限度的自由，人就无法生存，这正如没有最低限度的安全、正义和食物，人便不能生存一样。”② 没有自由，人类就丧失了实现自我、推动社会进步的积极性、主动性和创造性，社会就会失去发展的原动力。然而，资本主义社会的自由是虚伪的。资本主义自由竞争的结果必定是生产资料掌握在少数资本家手里，资本主义社会的自由是少数资本家的自由，无产阶级只剩下出卖劳动力的自由。在阶级社会

① ［法］卢梭：《社会契约论》，何兆武译，商务印书馆1980年版，第16页。

② 转引自［美］博登海默《法理学：法律哲学与法律方法》，邓正来译，中国政法大学出版社2017年版，第304页。

里，自由不是统治阶级的恩赐，自由的程度取决于被压迫阶级的抗争力度。在社会主义社会，自由是指每个人的自由。社会主义社会自由的首要要求是保障每个个体都有生存和发展的自由。马克思恩格斯所设想的未来社会是“自由人的联合体”，“在那里，每个人的自由发展是一切人的自由发展的条件”[①]。保障每个人的自由是社会主义社会的价值追求，也是社会主义社会的优越性所在。政治上的自由权利是民主政治的基石，是人参与政治活动的前提；经济上的自由权利是市场经济的基石，没有自由就没有竞争，市场就没有办法发挥决定性的资源配置作用；文化上的自由权利是精神文明的基石，没有自由，就没有争鸣，人的思想就将僵化，精神文明就难有高度。自由也可以激发广大群众的积极性、主动性和创造性，从而扩大社会的利益总量，为利益共享制作更大的“蛋糕”，帮助每个人分得更多的利益。自由可以激发市场的活力，是完善社会主义市场经济体制的必然要求。个人实现自我的前提是每个人都拥有选择的自由，实现自我需要尊重每一个人的发展意愿，个人对于发展目标、发展路径和实现方式应有选择的自由。没有自由，人就失去了活力，就没有了实现自我的动力。倡导和促进自由的实现，对于推进中国特色社会主义事业有着重要意义。

**2. 平等**。平等是现代社会的基本特征，是衡量人类文明进步的重要标准。平等是人和人之间的一种关系、人对人的一种态度。人的平等感在很大程度上来源于人希望得到尊重的欲望。人类社会发展的历史就是追求平等的历史。人类社会平等的观念可谓源远流长，自古有之，但对于平等的内涵充满争议。人类社会早期，平等主要体现为分配的平等和报复的平等。原始社会的分配方式一开始就把平等的要求镶嵌于其中，要求“大家都得到同样的东西或同等的份额”。报复的平等则是强调“以命偿命，以眼还眼、以牙还牙，以手还手，以脚还脚，以烙还烙，以伤还伤，以打还打”[②]。奴隶社会中，奴隶是没有人格的，奴隶仅是会说话的劳动工具，奴

---

① 《马克思恩格斯选集》第一卷，人民出版社 1995 年版，第 294 页。

② ［法］拉法格：《思想起源论》，王子野译，生活·读书·新知三联书店 1963 年版，第 73 页。

隶主与奴隶之间是没有平等可言的。封建社会中，农民对地主仍然存在着一种人身依附关系，但农民与奴隶社会的奴隶相比，其人身权利相对更有保障。近代资产阶级思想家的理论核心，就是要实现权利的平等，以平等实现个人的幸福，然而资本主义社会的平等受生产资料私人所有的制约，只能是形式上的平等。马克思和恩格斯则从生产关系的条件看待平等观念，强调平等历来是具体的、相对的、阶级的和历史的，不存在抽象的永恒平等，平等的道德价值追求不是先验的，它的性质和内容由一定社会的物质生活条件即经济基础决定。社会主义社会努力避免资本主义社会平等的形式性和虚伪性，力争提升社会中人与人之间实质的、真正的平等。现代社会的进步，就是人和人之间从不平等走向平等的过程，是平等逐渐实现的过程。政治上的平等权利是民主政治的基石，人与人不平等，就不可能开展民主对话和协商。经济上的平等权利是市场经济的基石，市场主体不平等，就难于做到等价交换，市场竞争就会不充分，各种“寻租”现象就会出现。文化上的平等权利是精神文明的基石，没有平等，话语权就会集中在少数人手中。平等也是自我实现的内在要求，自我实现不应是个别人或少数人的专利，自我实现应是所有人的权利，国家存在的最大意义就在于抑制强者，让弱者有实现自我的机会。对于社会主义社会而言，公有制为主体的经济制度让平等的实现具备了相应的物质基础，人民当家作主的政治制度为平等权的真正实现提供了制度保障。然而，平等的完全实现并非易事，当前中国正在推进共同富裕建设，就是在夯实平等的社会基础，对于平等的追求是社会主义社会的应有之义。

**3. 公正**。公正在英文中为justice，在汉语中的解释为“公平正直，没有偏私”。没有偏私是指依据一定的标准而言没有偏袒任何一方，因而，公正是一种价值判断，内含一定的价值标准。在人类历史上，公正思想源远流长。公正观念萌芽于原始人的平等观，形成于私有财产出现后的社会。公正是一个相对的概念，不同的社会、不同的阶级有不同的公正观。公正问题存在于政治、经济、文化、法律、道德等各个领域，有着一张普洛透斯似的脸。虽然可以从不同的角度理解公正，但公正并非不可捉摸的。从古至今，人们对于公正的研究主要是围绕着一个问题展开的：给每个人所应得。公正强调给每个人以其所应得，要求在每个人的付出与每个人所得之间保持一种比例上的恰当。公正主要是一个关乎人们得失的问题，协调的是付出与回报的关系，核心是要追求一种比例上的恰当，即得到自己应该得到的，付出自己应该付出的。公正是社会治理的核心原则，公正之于社会，正如真理之于思想。社会的实质是人与人的集合，处理人与人的关系是社会领域道德要求的根本任务。与其他道德价值相比，公正是处理人与人关系的核心要求。亚里士多德强调："公正自身是一种完满的德性，它不是笼统一般，而是相关他人的。正因为如此，在各种德性中，人们认为公正是最主要的，它比星辰更加光辉，正如谚语所说：公正集一切德性之大成。"① 公正是衡量社会文明进步的重要尺度。公正强调正确处理得失，恰当处理人与人之间的关系，有利于保障每个人的基本权利，有利于促进社会和谐，维护社会的稳定；公正有利于调动人们的积极性，激励人们在公正的环境里实现人格品质的修炼和提升；公正有利于唤起人们的多维思维，激发人们的创造性，使人们的智慧源泉竞相涌动，推进人类社会不断发展、健康发展、科学发展、永续发展。自由和平等是社会发展和进步的两大支柱，然而，自由和平等本身是一对悖论。由于人与人之间在竞争力上天然具有差异性，如果追求绝对的自由，自由竞争的结果必然是不平等。相反，如果追求绝对的平等，人人最终所得完全一样的话，必然会扼杀部分人的积极性、主动性和创造性，自由也不复存在。如何协调自由和平等的冲突是自古以来特别近代以来社会发展的根本问题，这个问题能否解决关系到社会的稳定和进步。人们在探索中发现，加强社会公正建设是协调自由与平等冲突的一剂良方。现代社会的公正主要包含起点公正、过程公正和结果公正三个方面，起点公正侧重平等，力求社会成员处在同一起跑线上；过程公正也即程序公正，侧重自由，保证社会成员按照规则自由竞争；结果公正是对弱势群体的一种补偿，目的是调节自由竞争的差距，防止社会失衡。社会主义优越于资本主

① ［古希腊］亚里士多德：《尼各马科伦理学》，苗力田译，中国社会科学出版社 1999 年版，第 97 页。

义的重要特征就在于它以消灭两极分化、实现共同富裕为根本要旨。促进社会公正，是全面深化改革的出发点和落脚点，也是中国特色社会主义的内在要求。

**4. 法治**。法治是现代社会治国理政的基本方式，也是世界发展的趋势和潮流，全球大部分国家都宣称自己是法治国家。法治的概念发源于古希腊时期，当时的思想家对法治进行了较深刻的思考。最早对法治下定义的是亚里士多德。他说："法治应包含两重意义：已成立的法律获得普遍的服从，而大家所服从的法律又应该本身是制订得良好的法律。"[①] 简言之，法治就是社会有良法，且良法得到普遍遵守。现代意义上的法治，既是一种治国方式和社会控制模式，又是一套价值系统。"法治"是一种治国理念或治国方略，强调法律的权威性和普遍适用性，将法律作为治国理政的最高准则，任何个人和组织都必须遵守法律。"法治"（Rule of law）通常与"人治"（Rule of man）相对应。前者"以法役人"，后者"以人役人"。法治的优越性是相对于人治而言的，而这种优越性主要体现在法律的制度性、公正性、明确性、公开性和程序性上。在现代社会，法治是实现自由平等的制度基础，是实现社会公正的可靠保障。从法律层面分析，自由是法律许可的自由，平等是法律赋予的平等，公正是法律创设的公正。法治可以约束人的恣意，让社会治理处在可控、有序框架之中。邓小平说："制度好可以使坏人无法任意横行，制度不好可以使好人无法充分做好事，甚至会走向反面。即使像毛泽东同志这样伟大的人物，也受到一些不好的制度的严重影响，以至于对党对国家对他个人都造成了很大的不幸……不是说个人没有责任，而是说领导制度、组织制度问题更带有根本性、全局性、稳定性和长期性。"[②] 法治社会，一是强调"法律至上"，任何人都有守法的义务；二是强调"法律面前人人平等"，任何人不允许有特权。法治要求国家的一切活动，必须循法以行。人民的自由及其他权利，应由法律加以保护，人民应负之义务，亦应由法律加以规范。法治是

---

① ［古希腊］亚里士多德：《政治学》，吴寿彭译，商务印书馆1965年版，第200页。
② 《邓小平文选》第二卷，人民出版社1994年版，第333页。

人类政治文明发展到一定历史阶段的标志。全面依法治国是中国特色社会主义的战略布局之一，是中国共产党治国理政的经验总结，也是实现中华民族伟大复兴的制度保障。

### （三）公民层面的价值准则：爱国、敬业、诚信、友善

公民是社会活动的基本个体，是国家和社会的构成原子。公民德性是形成核心价值观的基础，公民无德性，核心价值观将是无源之水。爱国、敬业、诚信、友善是公民层面的核心价值观，也是公民基本的道德准则。

**1. 爱国**。爱国是处理个人与国家关系的基本准则，也是中国人的首要道德要求。爱国主义是民族精神的核心，也是中华民族最稳定的文化基因。自古以来，爱国的基因融入了中国人的血脉，为国牺牲是最高的荣耀，卖国求荣最为人所不齿。中华民族历史悠久的农耕文明形成了家国同构的社会结构，有国才有家，保家卫国是中国人最重要的道德义务和使命职责。土地是农业社会最重要的生存资源，失去土地即意味着流离失所，所以中国人向来有着深厚的家国情怀。爱国不仅是一种情怀，也是个人生存和发展的行动准则，因为国家是个人生存和发展的最后一道屏障。无论是过去、现在还是将来，只要国家还存在，国家就应该是民众的保护者。爱国要求爱人民、爱祖国的大好河山、爱祖国辉煌灿烂的文化，爱国让中国人找到精神的归属，也是凝聚中国人最强有力的感召。爱国是中国人高度认可的道德要求，在长期的历史积淀中，爱国已经融入了中国人的血液，成为民族的精神体现。一个人即使取得再大的成就，只要背叛国家，所有成就都将归零，将永远被钉在历史的耻辱柱上。即使在当今全球化的背景下，跨国公司、国际组织林立，国家仍然是个人和企业生存和发展的屏障。科学没有国界，但科学家有祖国。没有强大的祖国，科学家甚至连安全都无法保障。跨国公司的业务可以遍布全球，但背后还是需要强大的祖国来保护。爱国是底线道德，既是道德义务，也是法律义务，叛国既为道德所不容，也为法律所不容。

**2. 敬业**。敬业是处理个人与职业关系的首要道德准则。敬业即热爱个

人的工作，全身心奉献于个人从事的事业。敬业是中华民族的传统美德，古人把敬业视为个人事业成功的前提条件，唯有敬业才能攻坚克难、创造伟业。中国人强调学一行、爱一行，行行出状元，将敬业精神、工匠精神融入了各行各业。任何一个社会的延续和发展，都是以其成员勤奋工作、创造价值为前提的。马克思主义强调劳动创造价值，敬业奉献是工人阶级的崇高品质。对于每一个公民来说，敬业精神的内涵表现在三个方面，即热爱、勤勉和克制。热爱工作是敬业精神的前提，只有把工作当作自己珍视的事业，才会主动投入。敬业须勤勉努力，除了对工作的感情，敬业关键在于要有行动和付出。敬业须克制私欲，如果不能克制自己恣意享乐、纵情狂欢的欲望，结果是岁月无情流逝而自己却一事无成。从个人而言，敬业是个人价值实现的内在要求，人通过敬业工作来表现自己的力量和智慧，将自己的能力与才干投射到自己的工作对象上，用自己的劳动创造对象或改变对象的形态，从而在工作的成果中证实自己。从社会而言，敬业精神是社会存在和发展的基础，敬业精神成为社会的主流价值理念后，这个社会的生产就会以极快的速度进步，相应地其他方面也会高速发展。

**3. 诚信**。诚信可谓全人类共同倡导的优良道德品质。诚信即诚实、守信之意。“诚则信矣，信则诚矣。”（《河南程氏遗书 · 卷二十五》）所谓诚实，就是忠诚老实，不讲假话。所谓守信，就是信守诺言，言行一致。诚实是守信的基础，守信是诚实的具体表现。诚信在日常生活中就是要求做到说真话，做实事，反对欺诈、虚伪，恪守信誉，说话算数。诚信既是个人道德的基石，又是社会正常运行不可或缺的条件。首先，诚信是立身之本。诚信是中华民族的传统美德之一。子曰：“人而无信，不知其可也。”（《论语 · 为政》）人无信不立，诚信是个人立足的根本，不诚信会在短期内获益，但最终害人害己，并为之付出昂贵代价。其次，诚信是市场之魂。市场要发挥资源配置作用，交易主体传递给市场的信息必须是真实可信的，这就需要市场主体诚信经营。诚信是市场经济制度的道德根基，“诚信原则”被称为市场法律法规的“帝王条款”。诚信是企业生存、发展的根本，也是市场有效运转的内在要求。再次，诚信是社会发展的根本。

离开诚信，社会将无秩序、无安全、无发展。最后，诚信是为政之法。《左传》云："信，国之宝也。"孔子强调"民无信不立"，在"足食""足兵""民信"三者中，宁肯"去兵""去食"，也要坚持保留"民信"。统治者必须"取信于民"，正如王安石所言："自古驱民在信诚，一言为重百金轻。"在新的历史条件下，要传承和弘扬诚信传统美德，加强对公民的诚信教育，同时要加强诚信机制建设，营造诚信的社会氛围，发挥法律在诚信建设中的"护城河"作用，让讲诚信者得到社会的赞赏，让失信者受到社会的谴责和法律的制裁。

**4. 友善。**友善，即友好、善待他人之意。友善是中华民族的优良道德传统，是中国人为人处事的基本礼仪要求。孔子提出"仁者爱人"思想，要求"己所不欲，勿施于人"，倡导以"礼"待人。墨子更是大声疾呼："有力者疾以助人，有财者勉以分人，有道者劝以教人。"(《墨子·尚贤下》)"友善"精神在一定程度上反映了共同的人性、共同的情感和共同的需要，在此基础上形成的道德准则和道德规范，已成为中国社会的基本道德价值追求，塑造着中华民族的精神面貌，成为中华文明生生不息的强大内在动力。友善是一种发自于内心的情感，是具有普适性的基本的道德要求。人与动物的最大区别就在于人有德性，而友善是人最容易养成、最容易做到的德性。友善待人就是友善待己，友善对待他人能让人在最短的时间里得到同样的回报，让人感受到尊重和关怀。由于生存资源的稀缺性，人与人之间的关系既有竞争，也有合作。不管是竞争，还是合作，都需要在一个友善的环境中展开，如果缺乏友善，竞争将变得血腥，合作也只是敷衍。友善不仅是和谐社会赖以实现的条件，也是社会和谐的重要标志，是社会和人生所追求的基本价值目标之一。在社会主义社会，广大人民群众的根本利益是一致的，人与人之间有形成友爱相处的基础和条件。友善是社会主义道德观价值取向的必然要求，是建立和谐人际关系的重要道德准则。推而广之，友善不仅要善待他人，也要善待社会，善待自然，善待世界，善待整个宇宙，让友善之花遍开，让友善之光照亮世间每一个角落，温暖人之心灵。

## 五　坚定社会主义核心价值观自信

坚定社会主义核心价值观自信是当代中国提升道德自信的基础。社会主义核心价值观是当代中国的道德内核，是当代中国道德规范体系的高度凝练，具有人民性、科学性、创新性等特质。在中国特色社会主义新时代，要坚定社会主义核心价值观自信，把培育和践行社会主义核心价值观融入国民教育全过程，落实到经济发展实践和社会治理中，坚持用社会主义核心价值观引领社会思潮、凝聚社会共识。

### （一）社会主义核心价值观体现了社会主义的本质要求，是马克思主义价值理论的最新发展

**1. 科学性。**把握国情，明确中国社会所处的历史方位，是培育社会主义核心价值观的前提。“一个民族、一个国家的核心价值观必须同这个民族、这个国家的历史文化相契合，同这个民族、这个国家的人民正在进行的奋斗相结合，同这个民族、这个国家需要解决的时代问题相适应。”① 一种价值观是否科学，最根本的判断标准就是是否符合生产力的发展要求。中国传统社会以“仁、义、礼、智、信”为核心内容的价值观符合封建社会自然经济的发展要求，推动中华民族在历史上创造了辉煌灿烂的文明。西方资本主义社会“自由、平等、博爱”的核心价值观相对于中世纪的宗教束缚是一种历史的进步，符合资本主义生产方式的发展要求，促进了生产力的快速发展。社会主义核心价值观是社会主义生产方式的核心理念，也是遵循唯物史观要求的主动建构。社会主义市场经济与资本主义市场经济有着本质的区别，由此蕴含的价值诉求也不一样。资本主义市场经济以私人所有制为基础，强调个人本位，把自由视为至高无上的价值要求。社会主义市场经济在所有制结构上强调公有制为主体，在分配方式上强调按劳分配为主体，在利益格局上强调国家利益、集体利益和个人利益的一致

① 《习近平谈治国理政》第一卷，外文出版社2018年版，第171页。

性，自然在价值导向上要求平衡国家、社会和个人的价值诉求，由此形成了国家、社会和个人三个层面的价值要求。社会主义核心价值观的科学性就体现在，它是植根于社会主义生产方式的本质属性，是生产力发展的内在要求。社会主义核心价值观符合当今时代生产方式发展趋势的要求，能够促进生产力的发展，同时能够协调基于社会主义生产方式而形成的各种社会关系，为国家、社会和个人的发展提供先进的价值指引和规范要求。

**2. 人民性**。为谁服务？这是价值观的首要问题。社会主义核心价值观在这个问题上是旗帜鲜明的，就是为人民服务的，人民性是社会主义核心价值观的本质属性。社会主义核心价值观的人民性体现为始终站在人民大众的立场上来反映最广大人民的价值诉求和利益主张。富强是国家层面的首要价值，反映了人民群众对于理想生活的渴望，中国人民从积贫积弱的旧中国走来，饱受帝国主义的欺侮，深知只有国家富强，人民生活才有保障。民主是世界发展的潮流，也是人民利益的政治保障，社会主义核心价值观的民主强调真正的人民当家作主，与西方资本主义社会少数人的民主形成鲜明对比。正如列宁所指出的那样："资产阶级民主同中世纪制度比较起来，在历史上是一大进步，但它始终是而且在资本主义制度下不能不是狭隘的、残缺不全的、虚伪的、骗人的民主，对富人是天堂，对被剥削者、对穷人是陷阱和骗局。"① 社会主义核心价值观的自由、平等与西方资本主义推崇的自由、平等也有着天壤之别，社会主义核心价值观的自由、平等追求的是全体人民的自由、平等，通过共同富裕努力实现真正的自由、平等，而在资本主义社会，无产阶级的自由受到诸多限制，社会的贫富差距也让底层民众无法享有真正的平等权利。社会主义核心价值观的导向是尊重人民群众的主体地位，通过发挥人民群众的积极性、主动性和创造性，建构一个为人民群众服务的价值评价体系，形成一个服务于人民群众利益的良性社会。在社会主义核心价值观的引领下，全体人民共同奋斗，努力实现国家治理有道、社会运转有序、人民生活幸福。

**3. 先进性**。一种价值观先进与否，关键是看这种价值观是否能够适应

---

① 《列宁专题文集：论资本主义》，人民出版社 2009 年版，第 238 页。

和推动社会的发展和进步。社会主义核心价值观不是纯理论的建构，不是纯理论创新的产物，而主要是社会实践发展的产物。社会主义核心价值观的先进性，首先体现在它适应了当代中国的国情。社会主义初级阶段是中国最大的国情，农业文明、工业文明和信息化文明同时共生，中国社会有着先天的劣势，也有着后发的优势。社会主义核心价值观分国家、社会和个人三个层面进行培育，符合中国的国情，也契合中国社会家国同构的传统。社会主义核心价值观坚持以马克思主义为指导，传承了中华传统美德，也吸收了世界文明的发展成果，体现了兼收并蓄的培育思路，避免了故步自封的局限性。社会主义核心价值观的先进性，还体现在推动了中国社会的发展和进步。社会主义核心价值观作为人们在价值观上的“最大公约数”，反映和体现了历史的前进方向，引领社会发展和时代潮流，引导广大人民群众有更高的精神价值追求。社会主义核心价值观擘画了中华民族伟大复兴的蓝图，是中国梦实现的精神动力，为中国特色社会主义制度的完善提供了价值指引，明确了国家的发展方向、社会治理的目标和个人奋斗的路径。

### （二）社会主义核心价值观继承了中华传统美德，同时又是对中华传统美德的创造性转化和创新性发展

**1. 继承性。**社会主义核心价值观是对中华传统美德的创造性转化和创新性发展，实现了历史、现实和未来的统一。“中华传统美德是中华文化精髓，是道德建设的不竭源泉。”[①] 道德具有非常强的历史穿透力，道德的基因最能深入人心，并代代相传。“中华优秀传统文化已经成为中华民族的基因，植根在中国人内心，潜移默化影响着中国人的思想方式和行为方式。”[②] 中国人民的理想、价值观和精神世界始终扎根于中华优秀传统文化的沃土之中，社会主义核心价值观同样是立足于中华优秀传统文化的一种道德价值共识。社会主义核心价值观离不开中华优秀传统文化的涵养。正

① 《新时代公民道德建设实施纲要》，《人民日报》2019 年 10 月 28 日第 1 版。

② 《习近平谈治国理政》第一卷，外文出版社 2018 年版，第 170 页。

如习近平总书记所说的，要“深入挖掘和阐发中华优秀传统文化讲仁爱、重民本、守诚信、崇正义、尚和合、求大同的时代价值，使中华优秀传统文化成为涵养社会主义核心价值观的重要源泉”①。社会主义核心价值观不但有着“社会主义”的标记，始终坚守人民立场，体现人民利益，而且有着“中国”的标记，是对中华传统美德的传承和弘扬。比如，社会主义核心价值观中的“爱国”“敬业”“诚信”“友善”都是典型的中华传统美德。社会主义核心价值观是立足中华民族五千年的文明史锻造而成的，中华优秀传统文化的基因是社会主义核心价值观的生成基础。

**2. 创新性**。“一个民族、一个国家，必须知道自己是谁，是从哪里来的，要到哪里去，想明白了、想对了，就要坚定不移朝着目标前进。”② 这种坚定不移朝着目标前进的精神状态，努力向上向善的精神风貌，就是一个国家、一个民族高度自觉自信自强的体现。社会主义核心价值观立足于时代的发展，以中华民族伟大复兴为前进目标，对中华传统道德文化既继承又发展，是守正与创新的统一。中华传统道德文化的核心理念一方面体现并聚集了中华民族的精神，另一方面也打上了为封建统治阶级服务的烙印，“取其精华，去其糟粕”，并做到推陈出新才能让中华传统美德永葆生机和活力。在社会主义核心价值观的培育过程中，需要“深入阐发中华优秀传统文化蕴含的讲仁爱、重民本、守诚信、崇正义、尚和合、求大同等思想理念，深入挖掘自强不息、敬业乐群、扶正扬善、扶危济困、见义勇为、孝老爱亲等传统美德，并结合新的时代条件和实践要求继承创新，充分彰显其时代价值和永恒魅力”③。爱国主义是中华民族精神的核心，也是社会主义核心价值观的重要内容，但当今时代爱国主义的具体要求和传统社会爱国主义的具体要求不一样。在当代中国，爱国、爱党和爱社会主义具有高度的一致性，中国共产党的领导是国家发展的最大优势和根本利益所在，爱党、爱社会主义就是爱国，不爱党、不爱社会主义就无法凝聚起国家发展的合力，就无法保障人民群众的根本利益。敬业是中华传统美

---

① 《习近平谈治国理政》第一卷，外文出版社 2018 年版，第 164 页。

② 《习近平谈治国理政》第一卷，外文出版社 2018 年版，第 171 页。

③ 《新时代公民道德建设实施纲要》，《人民日报》2019 年 10 月 28 日第 1 版。

德，社会主义核心价值观的敬业继承了传统敬业中热爱工作、奉献事业的要求，但反对压榨员工、无视员工合法权益的行为，敬业不是卖身，不是被剥削，而是在合理合法劳动关系的前提下员工的一种自觉奉献。培育和践行社会主义核心价值观，必须坚持历史唯物主义立场，做到古为今用、推陈出新，根据时代的发展需要，不断丰富社会主义核心价值观的内涵，做到与时俱进。

### （三）社会主义核心价值观吸收了世界文明有益成果，又超越了西方资本主义核心价值观

**1. 开放性。**社会主义核心价值观的开放性体现于其吸收了世界文明的有益成果，具有兼收并蓄、博采众长的特质。只有符合世界潮流和趋势的核心价值观才能焕发持久的生命力和广泛的影响力。面对百年未有之大变局，培育社会主义核心价值观需要具有世界眼光和全球视野。在当今时代，虽然有些国家逆全球化而动，但全世界都认识到开放和融通的重要性。几乎没有国家可以封闭起来发展，人类命运与共已成为全球性共识。“每种文明都有其独特魅力和深厚底蕴，都是人类的精神瑰宝。不同文明要取长补短、共同进步，让文明交流互鉴成为推动人类社会进步的动力、维护世界和平的纽带。”[①] 中华文化本身具有开放包容、兼收并蓄的品质，这为社会主义核心价值观的构建提供了可能。做到开放包容、兼收并蓄、博采众长，充分吸收、借鉴世界各国道德建设的有益经验和合理主张，才能使社会主义核心价值观的优势更加明显，才能真正超越过去、超越自我、超越他人。社会主义核心价值观与人类命运共同体的价值主张具有高度的契合性，中国人民的价值主张反映了世界人民的发展诉求，也越来越受到世界各个国家的肯定。面对全球性的挑战，在道德价值领域加强沟通、交流和对话，不仅是必要的，也是可行的。社会主义核心价值观正是在交流互鉴中形成的，开放包容、兼收并蓄是培育社会主义核心价值观的理性选择。开放包容本身也是道德自信的表现，社会主义核心价值观因其

① 《习近平谈治国理政》第二卷，外文出版社 2017 版，第 544 页。

科学性、先进性、人民性而无惧开放，也无惧与其他国家价值观进行比较，反而因其开放性而不断获得新的生长点，不断完善其价值主张，保证其在世界各国价值体系中的先进地位。

**2. 超越性**。社会主义核心价值观超越了西方资本主义核心价值观，促进了人类文明新形态的形成，为世界文明的发展作出了贡献。社会主义核心价值观超越西方资本主义核心价值观，主要表现在以下几个方面。一是价值立场的超越。西方资本主义核心价值观是站在西方资产阶级的立场上提出的价值主张，维护的是少数资本家的利益。社会主义核心价值观是站在人民大众的立场上提出的价值主张，维护的是人民大众的利益。二是目标导向的超越。西方资本主义核心价值观具有明确的政治目的，已成为西方资产阶级对内实施阶级统治、对外进行文化殖民的思想武器。社会主义核心价值观的目标是凝聚国内价值共识，引领中华民族伟大复兴。三是内容体系的超越。西方资本主义核心价值观标榜“自由、平等、博爱”，但其主张脱离生产方式、缺乏实践性、否认阶级性。社会主义核心价值观的内容具有科学性、人民性、实践性、发展性的特征。四是话语表达的超越。西方资本主义核心价值观宣称自己超越于国家、民族、宗教之上，演变成一个纯粹的、意识形态的话语工具。社会主义核心价值观主张多元主体共存，尊重共同体成员间不同的价值理念和发展模式，具有开放性和包容性。社会主义核心价值观能够有效化解西方“普世价值”的攻击，破解西方在价值观上的语言表达优势，从而建立起中国的话语系统和表达方式。五是实践成效的超越。西方国家在全世界宣扬资本主义核心价值观的后果，是给世界人民带来了灾难，导致地区的冲突和动荡。社会主义核心价值观在中国的实践取得巨大成功，开辟了实现现代化的新道路，创造了世界发展的奇迹，并为全球性问题的解决带来希望和曙光。需要强调的是，社会主义核心价值观超越了西方资本主义核心价值观，并非在全世界范围内就能立即代替或者取代西方资本主义核心价值观，而是为全世界各个国家、各个民族提供了一种新的价值选择，让全世界人民看到改变命运的一种新的可能道路。社会主义核心价值观在全世界的影响越大、对世界人民作出的贡献越大，中国人民的道德自信也会更加坚定。

# 第五章　道德自信的影响因素、培育逻辑和生成规律

公民道德自信与民族的命运息息相关，与国家的地位和实力密切关联，是社会发展现状在民众道德意识上的镜像与映衬。一个民族在道德上是否自信，会受到众多因素的影响，道德自信的状况有其演化路径和生成规律。

## 一　道德自信的影响因素

道德自信是道德主体对本国道德文化的认同、道德现状的肯定和道德未来发展的信心。道德自信作为一种相对稳定的心理特质，体现为信仰层面的坚定、判断层面的坚持、行为层面的坚守。道德主体的道德自信心会受到多种因素的影响，既包括外在的因素，也包括内在的因素。在当今时代，国家的治理状况、社会的道德水平和个体的德性修养是主体道德自信的三个最主要的影响因素。

### （一）国家的治理状况

国家产生以后，就成为公民个体生存和发展的依托。现代国家治理的基本目标就是实现“善治”，这一目标本身就是一种道德价值判断，国家的治理水平直接影响公民对社会道德的信心。

**1. 国家的综合实力**。国家的综合实力是由国家在政治、经济、军事、科技、文化、体育等多方面的实力共同构成的，甚至还需要考虑到自然资源、人力资源、战略纵深、地理位置、动员效率等方面的因素。当今世界

在国际关系领域，国家综合实力决定着一个国家在世界上的地位和影响力。公民作为国家的一分子，其个人的命运与国家的实力紧密相关。当今世界国家之间的竞争是综合实力的竞争，竞争的结果会对国内的企业、组织和公民产生重大的后果，进而影响国民对本国道德发展水平的判断。国家综合实力强大，人们会更有安全感和自豪感，从而对社会道德也更加自信。一个国家如果没有实力维护自己主权的独立和领土的完整，本国人民将遭受外国的压迫和奴役，容易让国民产生自卑心理。

**2. 国民的幸福指数**。从心理学分析，自信的深层原因是个人的幸福感受或幸福期待，感受不到幸福的自信是难以持续的。国民的幸福指数对于道德自信的形成具有重要而深刻的影响。1970 年不丹国王首先提出国民幸福总值 GNH 的概念。GNH 这一指标体系包括政府善治、经济增长、文化发展和环境保护四大方面。联合国于 2022 年 3 月 20 日（国际幸福日）发布了 2022 年的《世界幸福指数报告》。该报告是根据对全球 146 个国家、地区的民意调查进行编撰的，其中每个国家、地区会收集约 1000 份问卷。除了个人的幸福感外，幸福指数排名还包括 6 个指标：国内生产总值（GDP）、社会支持、预期健康寿命、选择生活的自由、慷慨程度和腐败的看法。中国大陆地区（5. 585 分）2022 年排在第 72 位，相较上一年上升了 12 位。需要指出的是，官员的清廉指数是影响公民道德自信的重要因素。政治伦理的失范和官员的腐败会带坏整个社会的风气，社会大众面对道德选择时会将个人利益置于首位，道德的影响力将下降，从而影响整个社会的道德自信。官员腐败冲击社会合理的利益关系，会打破社会利益格局的平衡，损害道德的利益根基。中国人习惯“以吏为师”，官员不但是社会治理的精英，更应是社会道德的楷模。如果为官者道德败坏、贪污腐化、生活堕落，会挫伤民众道德养成的积极性，恶化社会的道德风气。道德是调整各种社会关系的最重要的规范之一，国民的幸福程度提升离不开道德的积极作用。对社会道德没有信心的国家和民族，是难以维系其幸福指数的。国民幸福指数能够较全面地反映一个国家的公民对社会发展特别是道德发展水平的肯定程度。幸福指数高的国家，国民在道德上将更自信；相反，幸福指数低的国家，国民在道德上将更不自信，甚至产生道德自卑心理。

**3. 国家的发展前景。**从时间维度来看，自信更强调对未来前景的信心。道德自信是道德主体对本国道德文化的认同、道德现状的肯定，更是对道德未来发展的信心。国家的发展前景对于国民的道德自信会产生直接的影响。如果人们相信自己的国家和民族有着美好的发展前景，本身就是对本国道德文化的认同和道德现状的肯定，同时也将坚定遵守社会道德要求的信心，深度认同社会的道德前景，并满怀激情地践行社会的核心价值观。相反，如果对国家的未来发展悲观失望，人们在现实生活中将逐渐丧失道德信念，更容易形成“破罐子破摔”的道德心理，从而使道德的约束力下降，人们自然会对道德的未来发展失去信心。从历史上看，鸦片战争至中华人民共和国成立这段时间，国家发展前景堪忧，中华民族在道德心态上整体上是自卑的；中华人民共和国成立后，国家发展前景光明，中华民族的道德自信心逐渐恢复；改革开放后，一部分中国人没有理性看待中国与西方发达国家的差距，在道德心态上自信心不足；中国特色社会主义进入新时代后，中国迎来了强起来的重大机遇，中国人民在道德上更加自信自强。中国人民坚信中华民族伟大复兴必将实现，这是夯实中国人民道德自信的坚实基础。

### （二）社会的道德水平

道德自信蕴含着一种优势认定，即对自己道德的优势和劣势有正确的认识，并对自己的道德优势有正确的估计和积极的肯定。而且，这种优势认定是基于现实、面向未来的，不仅是对不同国家和地区道德现实比较的结果，还体现了对道德未来的信心。就社会层面而言，影响认定各个国家和民族道德的优势与劣势的因素主要包括社会的公正程度、诚信程度和友善程度。

**1. 社会的公正程度。**社会公正本身是社会道德水平的衡量标准之一。在人类历史上，公正观念源远流长。亚里士多德认为公正是最完满的德性，不是德性的某部分，而是德性的整体。[①] 从古至今，人们对于公正的

---

① 参见［古希腊］亚里士多德《尼各马科伦理学》，苗力田译，中国社会科学出版社 1999 年版，第 95 页。

研究主要是围绕着一个问题展开的：给每个人所应得。公正强调给每个人以其所应得，要求在每个人的付出与每个人所得之间保持一种比例上的恰当。公正是社会治理的核心原则，公正之于社会，正如真理之于思想。中国共产党明确强调："维护和实现社会公平正义，符合最广大人民的根本利益，是我国社会主义制度的本质要求。"① 社会的实质是人与人的集合，处理人与人的关系是社会领域道德要求的根本任务。与其他道德价值相比，公正是处理人与人关系的核心要求。"如果说社会公正最能体现社会的文明程度的话，人们的道德水准就是社会公正及其文明程度在人们心灵上的投射和印记。"② 社会不公正现象如果不断加剧，会使得人们的心态失衡，进而刺激、影响人们的道德认知和道德评价。一个公正的社会，能让人们有获得感、荣誉感和幸福感。社会越公正，人们的道德自信程度越高。相反，社会越不公正，人们对道德越没有信心。

**2. 社会的诚信程度**。诚信即诚实、守信之意。"诚则信矣，信则诚矣。"（《河南程氏遗书·卷二十五》）诚与信紧密联系，二者不可分离。诚实是守信的基础，守信是诚实的具体表现。诚信是社会发展的内在要求，离开诚信，社会将无秩序、无安全、无发展。诚信是市场经济之魂，是市场经济制度的道德根基，"诚信原则"被称为市场法律法规的"帝王条款"。诚信也是为政之本，《左传》云："信，国之宝也。"孔子在"足食""足兵""民信"三者中，宁肯"去兵""去食"，也要坚持保留"民信"，因为孔子认为"民无信不立"。诚信机制是一切规范（包括道德）的基础，诚信存则规则存，诚信亡则规则亡。社会的诚信程度直接体现了道德在社会生活中的作用大小，整个社会能够坚守诚信的道德要求是广大社会成员对道德现状的充分肯定，是道德自信的有力彰显。相反，如果一个社会诚信缺失，容易引发信任危机，各种社会活动特别是经济交易的成本会激增，极大地妨碍人际交往，甚至导致整个社会的道德危机。人与人之间互不信任的种子一旦生根发芽，就将是人人自危的局面，每个人都需

① 中共中央宣传部编：《科学发展观学习读本》，学习出版社 2008 年版，第 58 页。
② 张寒梅：《论社会公正与公民道德建设》，《理论前沿》2007 年第 20 期。

要戴着面具、披着铠甲生活。人人讲诚信，则是人人有道德自信；人人不讲诚信，则是人人无道德自信。

**3. 社会的友善程度。**友善是一种发自内心的情感，是具有普适性的基本的道德要求。友善立足于社会成员的共同情感需要，把尊重和包容传递给他人，以形成众人所期待的美好社会。在一个充满友善的社会里，人们可以放下戒备之心，轻松愉快地生活，自然容易产生道德自信。相反，在一个不友善的社会里，人们相互戒备，对他人和社会是不信任的，本身就说明这种状态下道德是缺位的。所以，社会的友善程度能够感性、直观地体现人们在道德上是否自信。一个充满友善的社会，是积极乐观的社会，也必是有着高度道德自信的社会。友善是拥有道德自信的人们自然而然对待他人的方式，对这个社会道德状况的充分肯定、对他人道德选择的充分信任能够让自己发自内心地尊重人、理解人、关心人。

### （三）个体的德性修养

道德自信反映了道德主体关于道德方面的自我积极评价，是道德主体发自内心的对于道德的自我肯定与相信。整个民族和社会的道德自信是由个体的道德自信汇聚而成的，个体的德性修养高低影响着社会的道德风气，也影响着自身对社会道德建设的信心。在个体的德性修养中，道德信仰、道德敬畏和道德动力对于道德自信的确立具有重要的影响。

**1. 个体的道德信仰。**道德信仰是对某一种道德体系无条件地相信、遵守与敬仰。道德信仰的核心在于“信”与“仰”。信为笃信无疑，仰为虔诚敬仰。笃信意味着圭臬、真理，敬仰意味着权威及其神圣。无笃信则无敬仰，无权威及其神圣性则无笃信。信、仰交互倚赖。“道德信仰是理性的非理性存在方式。道德信仰通常被理解为非理性，然而，除了在宗教或准宗教的立场上，道德信仰却只有在与理性相联系的意义上才能被准确把握，且只有通过理性才能被准确地说明。道德信仰自身的非理性形式以理性为内容，离开了理性的道德信仰就是愚昧、迷信。”① 一般说来，道德信

① 高兆明：《论社会转型中的道德信仰危机》，《浙江社会科学》2001 年第 1 期。

仰一方面由于它是对生活世界、存在意义的统摄性把握，另一方面由于它是理性的积淀并以非理性形式存在，所以具有极强的稳定性。在现实生活中，道德信仰既是人们的精神支柱与价值依托，又是置于人们内心世界的信息过滤器，它指导着人们对外部世界信息的接受与处理，规范着人们的行为选择。“人民有信仰，国家有力量，民族有希望。”① 有道德信仰的人，才会对道德现状有着理性的判断，对道德建设的未来有着坚定的希望。一个自身没有道德信仰的人，是无法确立起应有的道德自信的。一旦出现道德信仰的危机，人们内心的美德追求将支离破碎，芸芸众生极有可能随波逐流，道德冷漠将弥漫在社会的各个角落。

**2. 个体的道德敬畏。**道德敬畏是人们对道德既敬重又畏惧的一种情感，敬重的是道德对于国家、社会和个人的积极作用，畏惧的是一旦违背道德要求自己可能会遭受重大的不利后果。道德自信是理性的相信，而非盲目的相信。之所以相信，是因为内心有着对道德的敬畏。康德曾说，有两样东西，我们愈经常愈持久地加以思索，它们就愈使心灵充满日新月异、有加无已的景仰和敬畏：在我之上的星空和居我心中的道德法则。②这是康德《实践理性批判》中的一句话，也是康德的墓志铭。道德敬畏真实而普遍地存在于人类社会最基本的道德生活之中，道德和敬畏具有本初的统一性。在人类道德发展史上，人们的道德敬畏大致经历了无知型的道德敬畏、形而上的道德敬畏和反思后的道德敬畏三种形态。道德敬畏的指向也主要有四种，即敬畏自然、敬畏上帝、敬畏生命和敬畏规则。道德敬畏具有神圣性、崇高性、渗透性、超越性等特征。“在整个人类道德的发展史上，道德敬畏大致有以下几种表现形式：前资本主义阶段之畏惧中的服从，资本主义阶段之异化中的崇拜，社会主义、共产主义之自由中的敬畏。道德敬畏的基本功能不仅在于道德自身的超越完善，而且通过个体道德敬畏的确立还起到在现实层面上对个体道德活动以及社会生活的强烈保障作用。”③ 道德敬畏本质上是一种道德情感，是对主流道德体系的心理认

---

① 《习近平谈治国理政》第三卷，外文出版社 2020 年版，第 33 页。

② 参见［德］康德《实践理性批判》，张永奇译，中国社会科学出版社 2009 年版，第 211 页。

③ 汪荣有：《论道德敬畏》，《齐鲁学刊》2016 年第 1 期。

同和对社会道德价值共识的情感旨归。道德敬畏不是外界强加给个体的善恶标准、行为规范、伦理原则等，而是基于主体内心的道德需要，把外在的道德法则逐步转化为内在的道德信念。道德敬畏是主体性的彰显，是对道德的信念和敬重。一个对道德没有任何敬畏之心的人，心中已然没有任何的约束，个体的良心机制将彻底失效，任何的恶行都无法让他形成罪恶感和耻辱感，一个对道德没有敬畏之心的社会，道德底线将荡然无存。个人情感中有无道德敬畏会对道德自信的提升形成重大的影响，一个没有道德敬畏的人，对道德不会有一丝一毫的信念，道德自信对他来说是不存在的。

**3. 个体的道德动力。**道德自信是道德主体发自内心的对于道德的自我肯定与相信。个体之所以有道德自信，一是因为有道德信仰的引领，二是因为有道德敬畏的约束，三是因为有道德动力的激励。在个体道德自信的形成过程中，道德信仰确立了目标，道德敬畏划定了底线，道德动力给予了激励。道德自信的确立不是一蹴而就的，而是道德主体在长期的实践中形成的。个体的道德动力机制在道德自信的形成过程中至关重要，只有让个体经常性地体验到道德信仰的伟大力量，并能够从社会败德行为中得到反面的教训，才能够激励个体面对困难时不抛弃、不放弃，并坚定执着地提升自己的道德修养。从古至今，个体道德修养最重要的动力机制就是德福一致。德福，即道德与幸福。德与福是中国传统伦理文化中的一对重要范畴。人们之所以会遵守道德规范，是因为相信“德福一致”，就是相信有道德的人会得到好的生活和境遇；道德败坏的人，会遭受不幸。然而，在现实生活中经常看到有道德、有德行的人生活并不如意，品行败坏之人却飞黄腾达，这就是“德福矛盾”。中国传统文化中，历来流传着“善有善报，恶有恶报”的说法。如果社会上小人能够得到更多的物质利益，在社会上有更高的地位，并且这种情形成为一种常态的话，人们对道德的信仰和信念就会崩溃。有德之人不但不能得到尊重，还会受到众人的嘲弄。德福不一致，道德就会成为可有可无的东西，也就失去了激励和调节作用。个体需要在“德福一致”的道德动力机制中确立起对道德的信任和肯定，也容易在“德福冲突”中不断丧失对道德的信心。

## 二　道德自信的培育逻辑

每个民族的道德心理都会受到众多因素的影响，面临着各自独特的问题，也有着各自的演化路径。当代中国道德自信问题的演化有其内在的机理，也有其特殊的历史过程和实践逻辑。

### （一）道德自信的生成机理

作为一种道德心理，道德自信的培育有其内在的机理。之所以要培育全民族的道德自信，是历史的原因，中华民族存在着道德自卑的现象。从道德自卑到道德自信的转变并非自然而然的，需要整个民族长期不懈的努力。

**1. 道德自信培育的心理过程。**从道德自信发展过程看，道德自觉是前提，唯有自觉，才能唤起道德主体的能动性，激发道德主体的内生动力，并充分挖掘道德主体的潜能，为道德自信提供强大的能量；道德自信是关键，道德自信是对自我价值的确认，是道德自觉的力量彰显；道德自觉、道德自信，最终目的是道德自强。从个体而言，道德自信的培育，是由道德自卑到道德自觉、由道德自觉到道德自信、由道德自信到道德自强的过程。从民族而言，道德自信的培育，是由少数人自觉自信自强到多数人自觉自信自强，再到整个民族的自觉自信自强的过程。之所以要培育道德自信，就是因为有些民众存在道德自卑心理。道德上的自卑导致整个民族无法理性地进行选择和判断，容易出现两种极端的民族道德心理，一种是盲目的崇洋媚外情绪，另一种是盲目的民族主义排外情绪，这两种极端的民族道德心理都不利于国家和民族的健康发展。在这种背景下，民族的精英分子通过理性的思考，会形成一种强烈的道德责任感，在道德上自觉地向上向善，并实现由道德自觉到道德自信的转变。道德自信帮助人们正确判断所处的时代方位，理性地分析自己民族和其他民族在道德上的优势与劣势，并努力弘扬本民族优秀的道德文化、改变本民族的道德文化中的糟粕，通过守正创新，最终实现道德自强。

**2. 道德自信培育的关键要素。**道德自信是主体的自我意识，道德自觉是道德自信培育的基本前提，道德认同是道德自信培育的根本力量，道德实践是道德自信的养成路径。首先，道德自信的培育离不开道德自觉。没有道德上的自觉，就不会有道德上的自信。道德自觉意味着道德主体自我意识的觉醒，面对社会的道德失范现象，道德主体没有选择沉沦，而是反省自己该承担的道德责任。道德自觉，主要指一个国家和民族在道德上的觉悟和觉醒，包括对道德在历史进步中地位作用的深刻认识，对道德发展规律的正确把握，对社会道德建设责任的主动担当。一个民族有道德自觉，说明这个民族对道德的地位和作用认识提高了，道德建设的自觉性和责任感增强了。自信不是外来力量强行注入可以形成的，而是自我意识的真正觉醒。内因决定外因，任何事物的强大，都有赖自身的努力，从这个意义上说，道德自觉是推动道德发展的心理基础和先决条件。一个民族、一个国家如果有高度的道德自觉，就能形成对文明进步的强烈向往和不懈追求，形成道德建设的强大力量。其次，道德自信的培育离不开道德认同。一个民族、一个国家的道德自信体现了对社会主流道德体系的肯定、对社会道德整体水平的满意。道德认同是人们对社会所形成的道德观念和所提倡的道德规范从理性和情感上予以认可并内化的过程。道德认同表现为一个发挥人的主体性、不断提升其层次的动态过程。道德认同不仅要认同这个社会的道德规范，更要认同这个社会的道德价值。道德认同是一个社会形成道德价值共识的心理过程，也是培育道德自信的必要阶段。对道德价值的认同可以强化人们对于道德生活的信心，为道德自信提供坚实的支撑。缺乏道德上的认同，道德自信就是无根之木。最后，道德自信的培育离不开道德实践。道德根源于生活，来源于实践。道德生活本质上具有实践的品格，按其实质，道德生活总是与道德实践联系在一起。道德生活与道德实践的主体都是人，道德生活以人为主体，道德实践也表现为人的活动。道德自信在一定意义上来说，不是讲道德教育的结果，而是经道德实践后的一种感悟和认识。道德自信的培育是道德主体的道德心理主动建构的过程，这一过程不仅是道德认知的提升，更是道德实践的体悟。道德主体只有通过自身的道德实践，感悟到本民族道德文化的强大力量，才能从内心中涌流出对道德的自信。道德自信最终是通过道德主体的道德实践来确立和彰显。

### （二）道德自信的实践逻辑

中华民族伟大复兴，需要有强大的道德自信心理支撑。中华人民共和国成立以来，中国人民经过七十多年的努力，中华民族的自信心、自豪感大大增强。然而，新时代新征程上，面对百年未有之大变局，培育道德自信并非易事，需要切实把握道德自信培育的实践逻辑，并在实践中予以科学和全面的贯彻。道德的实践特性决定了道德自信的培育不能停留于理论层面的探讨，更重要的是要通过系统的道德建设实践来推进。

**1. 坚持道德教育和自我修养相统一**。培育全民族的道德自信，需要提高全民的道德水平。个人道德水平的提升是道德教育和自我修养共同作用的结果。任何一个社会，个体之间的道德水平都存在差异性。为了提升社会整体的道德水平，开展道德教育不仅是必要的，也是可行的。道德教育就是把社会认可的道德标准通过一定的教育方式，转化为受教育者的道德意识和道德要求。道德教育是由外及内的过程，通过外在的引导，提升内在的素养，具有被动接受的特征。相反，自我修养是个体主动提升自己道德修养的过程，当主体认识到道德修养是自我完善、自我实现的重要方式后，主体通过发挥自身能动性，积极将道德规范转化为内在的道德自觉。社会的道德教育是有组织的强化全民道德自信的过程，个体的自我修养是个人主动地通过坚定自我的道德自觉来强化道德自信的过程。坚持道德教育和自我修养相统一能够最大限度地发挥德性养成机制的作用，有效提升民族的道德自信。

**2. 坚持利益共享和精神鼓励相统一**。人是物质属性和精神属性的统一体，满足人的物质需要和精神需要，是促进人的全面发展的必然要求，也是提升民族道德自信的内在需要。人们奋斗的一切成果都同利益相关，如果人们在社会生活中无法公正地享受到社会发展的成果，就难于认同社会所提出的道德要求，对社会的道德发展也难于产生自信的心理。“中国特色社会主义进入新时代，我国社会主要矛盾已经转化为人民日益增长的美好生活需要和不平衡不充分的发展之间的矛盾。”① 共同富裕是中国特色社会主义的本质要求，发展的成果由人民群众共享是社会主义优越性的体现。利益共享能够提升人民群众的获得感和幸福感，增进人民群众对社会现状和未来发展的信心，这种信心是培育道德自信的坚实基础。同时，每个人都有精神需要，精神鼓励对于人的发展也不可或缺。精神鼓励可以让人们形成积极向上的心态，人们将以更加乐观的心态看待道德的现状和未来的发展，从而坚定人们的道德自信。

**3. 坚持法治建设和道德建设相统一**。人们之所以对道德有信心，从根本上说是因为道德能够为美好生活的实现和社会的进步提供支撑。然而，道德不是万能的，仅靠道德建设难以达成人们对于美好生活的期待。法安天下，德润人心。法律和道德作为现代社会最重要的社会规范，对于调节人的外在行为和内心世界发挥着不可或缺的作用。如果把人类生存的社会视为高楼大厦，法律就是这座大厦的地基，如果地基不牢，大厦将倾塌，而道德则将决定这座大厦的高度，道德失序，意味着大厦缺乏高度。从治国理政的世界历史来看，法治和德治相结合是中华文明先进性的体现，也是中国共产党对世界文明发展的重大贡献。法治建设有助于实现社会的长治久安，道德建设有助于提升社会的情感温度，二者的统一能让社会发展在情、理、法的融合中进步。坚持法治建设和道德建设相结合，有助于筑牢整个社会的道德底线和价值共识，从而为全民族道德自信的培育奠定坚实的基础。

## 三 道德自信的生成规律

道德自信的生成是一个心理活动的过程，有其自身的规律。道德自信的生成受国家地位的影响，受社会道德水平的制约，与社会核心价值观的培育密切相关。尊重道德自信的生成规律是社会道德建设的必然要求。

① 《习近平谈治国理政》第三卷，外文出版社2020年版，第9页。

### （一）道德自信与国家综合实力协同发展规律

从道德自信与国家综合实力的关系来看，国家强则道德自信，国家弱则道德自卑。从历史的发展脉络来看，国家的综合实力和在国际上的地位直接决定国人在道德上的自信心。经济基础决定上层建筑，国家综合实力是经济基础的体现，道德自信是上层建筑的表现，道德自信与国家综合实力之间有着内在的联系。这种联系最根本的体现就是个体的利益与国家的利益是统一的。国家是维护个体利益的最后一道屏障，国家综合实力强大，就有能力维护国家的安全、主权、秩序，民众的利益就能够得到相应的保护，并为个体的生存和发展提供空间和机会，能够为个体道德自信的形成提供强有力的支撑。有些国家凭借其强大的实力，在世界拥有强大的影响力和话语权，国民不仅在道德上自信，在与其他国家的民众交往时甚至产生一种莫名的道德优越感。国家实力不强，容易遭到外敌入侵、经济殖民和文化侵袭，底层的民众生如蝼蚁，生命安全都难以保障，更无尊严可言，即使再努力提升个人修养，也难有获得感、自豪感和成就感，也就难以确立起道德上的自信，甚至出现道德自卑的心理。

需要注意的是，道德自信的生成与国家综合实力的发展并不是完全同步的。一个民族的道德自信和国家综合实力从时间维度来看，是时刻变化的。一个民族道德自信的程度不是一成不变的，在多种因素的影响下，也是处于变化之中的。国家综合实力是各个国家对比的结果，会根据各个国家的发展变化而出现变化。一个民族的道德自信和国家综合实力从空间维度来看，也不是均衡分布的。一个民族的道德自信是由众多个体的道德自信构成的，不管哪个民族都不可能全民皆有自信，但极少数人的道德自卑不会影响整个民族的道德自信。国家综合实力在各个领域是不均衡的，有些领域的发展可以做到世界领先，有些领域则可能处于世界末位，但国家整体实力是所有领域综合的结果。受多种因素的影响，在一段时间内，有的国家综合实力一般，但整个民族在道德上高度自信；有的国家综合实力强大，但整个民族在道德上并不自信。然而这种不同步的现象一般只是在较短的历史时期出现，从长期的历史发展来看，整个国家和民族的道德自信必然与这个国家的综合实力相匹配。

### （二）道德自信与社会道德水平同步提升规律

道德自信是一个国家、一个民族对自身道德价值的充分肯定，对自身道德生命力的坚定信念。道德自信作为一种道德心理，是社会道德生活的反映。一个社会的道德水平和文明程度提高了，在道德心理上自然更加自信。同样，民众道德心理上的自信也会促使社会的道德水平和文明程度提高。相反，如果一个社会的整体道德水平低下，道德的功能没有很好地发挥出来，人们难以感受到道德的力量，就难以确立起对道德的信心。“破窗理论”认为环境中的不良现象如果被放任存在，会诱使人们仿效，甚至进一步恶化。现实生活中人们在糟糕的环境中，更容易产生不道德的行为。如果败德之人随处可见，违法犯罪还能逍遥法外的话，道德冷漠将充斥整个社会。只有提升整个社会的道德水平，让向上向善成为主流，才有可能坚定社会绝大多数成员的道德信仰。绝大多数社会成员拥有道德自信后，过有道德的生活将成为社会的常态，整个社会的道德水平也会相应提升。所以说，道德自信与社会道德水平是同步提升的，培育人们的道德自信需要提升社会的道德水平，提升社会的道德水平也需要坚定人们的道德自信。

需要注意的是，人们的道德自信心理和社会道德水平均会受到多种因素的影响，道德自信与社会道德水平同步提升并非在时间上绝对重合，而是有着相近的“变化曲线”。在同一个时期，人们的道德自信心理的“变化曲线”与社会道德水平的“变化曲线”是接近的，虽然这种“变化曲线”在现实生活是难以准确生成的，因为人们的道德自信心理和社会道德水平几乎没有可能被准确测量。就整个社会而言，每个人的德性修养不可能整齐划一，即使是在道德水平很高的社会也有可能发生令人发指的极恶行为。但是道德水平高的社会，人们内心的道德自信让道德具有强大的“修复”功能，人们对极恶行为的共同谴责有助于筑牢社会的道德底线，提升人们的道德认知。如果整个社会道德水平提升了，人们道德自信的提升往往是水到渠成的。而道德自信也会给人们力量，激发人们的道德潜能，从而提升整个社会的道德水平。

### （三）道德自信与核心价值观相互建构规律

从道德自信与核心价值观的关系来看，核心价值观牢固则人们有道德自信，核心价值观不牢固则人们容易产生道德自卑心理。提高道德自觉、增强道德自信、实现道德自强的过程，实质上就是一个社会核心价值观的构建过程。从民众的道德心理来看，价值观自信是道德自信的基础和前提。核心价值观是一个社会在道德价值领域的最大公约数，就是这个社会的道德价值共识。核心价值观引领着社会前进的方向、调节着社会的道德冲突、凝聚着社会的道德信仰。核心价值观是否先进，决定着一个社会的道德体系是否先进，决定着一个社会的道德规范是否有效，决定着一个社会的道德影响力大小。一个社会的核心价值观得到民众的认同，就意味着民众认同了这个社会的道德体系，在内心深处会对这个社会的道德体系产生信赖，并坚信这个社会中能够过上有道德的生活。如果社会大众在道德价值上没有达成共识，道德价值冲突将成为社会的常态，善恶评价的标准将变得模糊，社会也将荣辱不分、是非不明，人们自然对道德没有信心。中国传统社会之所以被称为礼仪之邦，就是因为“仁义礼智信”的核心价值观深入人心，人们坚信伦理纲常为治国之要，道德信仰成为中国人的精神支柱。

在当代中国社会，提升人们道德自信与培育社会主义核心价值观是相互建构的关系。习近平总书记强调：“核心价值观，其实就是一种德，既是个人的德，也是一种大德，就是国家的德、社会的德。”① 培育社会主义核心价值观需要提高人们的道德自觉、增强人们的道德自信，提升人们的道德自信也离不开社会主义核心价值观的引领。人们向往的美好生活应该是能够满足人们精神需要的生活，有道德的生活才值得过，这种美好生活离不开社会主义核心价值观的引领。增强人们的道德自信，才能让人们深刻认识到社会主义核心价值观的培育关系到美好生活的实现、

① 《习近平谈治国理政》第一卷，外文出版社 2018 年版，第 168 页。

关系到中华民族伟大复兴。社会主义核心价值观深入人心后，将影响整个社会的精神面貌，也将提升中国人民的道德自信。培育道德自信是一项系统工程，但随着社会主义核心价值观的深入人心，培育道德自信的基础将变得更加牢固。

# 第六章　道德自信培育的现状及成因

从总体上看，中国人民的道德自信不断增强，这是当今时代中华民族精神风貌的显著特点。经过改革开放40多年的发展，我国日益走向世界舞台的中央，国际影响力不断扩大，对全球发展的贡献越来越大，综合国力的上升为道德自信的培育奠定了坚实的基础。然而，道德自信的培育是一个长期的过程，与硬实力的迅速提升相比，与历史上中华民族在道德上的高度自信相比，当代中国道德自信的培育仍然任重而道远。

## 一　当代中国道德自信培育的现状

中国特色社会主义进入新时代后，中国社会道德建设面临的形势也发生了相应的变化。总体而言，新时代中国社会道德发展趋势向好，为道德自信的培育提供了强有力的支撑。同时，道德自信的培育还面临着一些挑战，需要在守正创新中不断克服困难，努力形成自信自强的道德心态。

### （一）当代中国道德自信培育的积极态势

习近平总书记说："当今世界，要说哪个政党、哪个国家、哪个民族能够自信的话，那中国共产党、中华人民共和国、中华民族是最有理由自信的。"[①] 新时代中国将实现由"富起来"到"强起来"的转变，国家综合国力的提升、人民生活水平的提高和公民文明素养的进步是新时代公民道德自信培育的最大"底气"。

---

① 《习近平谈治国理政》第二卷，外文出版社2017年版，第36页。

**1. 中华民族伟大复兴是公民道德自信生成的坚实基础。**自信不会凭空产生，自信的基础是成功的实践。道德自信作为一种内在的心理状态，其形成依赖生存的外在环境。当代中国人民道德自信的生成同样依赖中国社会的发展进步。建设中国特色社会主义是改革开放后中国社会的主题，“中国特色社会主义道路是实现社会主义现代化的必由之路，是创造人民美好生活的必由之路”①。离开了中国特色社会主义的伟大实践，公民道德自信的培育将是无源之水。正是因为中国人民找到了中国特色社会主义道路，才强化了中华民族的自主意识，坚定了中国人民独立自主的意志，为中华民族伟大复兴奠定了坚实的基础。改革开放40多年来，中国取得了经济长期增长和社会稳定的两大奇迹，国家综合实力大幅度提升，人民生活水平大幅度提高，中华民族在伟大复兴的道路上昂首向前。中国特色社会主义进入新时代后，中国人民更加自信自强，更加重视精神生活的富裕，对中国特色社会主义道德建设也更加有信心。国家的发展和社会的进步，让中国人民心中有底气，自信心、自豪感油然而生，这是道德自信培育的坚实基础。

**2. 社会主义道德的先进性是公民道德自信生成的关键因素。**社会主义道德是迄今为止人类社会最先进的道德体系，社会主义道德自身的先进性为公民道德自信的生成提供了强有力的支撑。道德自信是对特定道德体系的充分肯定，人们相信按照特定道德体系的指引，能够实现自己对美好生活的追求目标。在中国传统社会，以儒家“仁、义、礼、智、信”为核心的道德体系可谓当时最先进的道德体系，创造了辉煌灿烂的农耕文明，中国被称为礼仪之邦，形成了高度的道德自信。近代以来，西方资本主义国家以“自由、平等、博爱”为核心的道德体系，打破了宗教的束缚，重塑了社会结构，深刻影响了世界，也造就了西方“普世价值”观在话语上的强势。社会主义道德以“为人民服务”为道德核心，始终维护广大人民群众的利益，体现了社会主义道德鲜明的阶级立场，保证了社会主义道德体系有着最广泛的群众基础。这是道德发展史上的重大进步，改变了过去道

---

① 《习近平谈治国理政》第二卷，外文出版社2017年版，第36页。

德主要为少数统治阶级服务的历史。社会主义道德体系以马克思主义伦理思想为指导，继承和发展了中华传统美德，借鉴和吸收了世界先进的道德文化，是人类社会道德体系的最新发展。社会主义道德体系以集体主义为原则，坚持集体利益和个人利益相统一，为个人的发展筑牢了共同的基础，也为集体的进步提供了个体的活力，为每个人的自由全面发展提供了可能和条件。社会主义道德体系的先进性在中国特色社会主义建设、改革和发展的过程中得到了充分体现。中国改革开放40多年能够保持社会的长期稳定，一个重要的原因就是坚持以社会主义集体主义道德原则为指导，妥善处理了国家、社会和个人之间的利益关系。改革开放坚持以人民为中心，坚持改革的成果由人民群众共享，既做大了蛋糕，又分好了蛋糕，提升了全体中国人的生活水平，让人民群众衷心拥护和支持改革开放。面对重大自然灾害和突发事件时，在社会主义道德的感召下，中国人民万众一心，"舍小家为大家"，攻坚克难，有力地彰显了中国人民的道德力量，提升了中国人的道德自信。

**3. 不断彰显的中国精神是公民道德自信生成的有力支撑。**物质文明的力量肉眼可见、直观具体，精神文明的力量含蓄内敛、深刻长远。任何一个民族的崛起和复兴，需要以强大的物质文明为基础，同时也离不开精神文明的支撑。中国精神作为兴国强国之魂，是实现中华民族伟大复兴不可或缺的精神支撑和精神力量。中国精神是民族精神和时代精神的统一，"以爱国主义为核心的民族精神和以改革创新为核心的时代精神，是中华民族生生不息、发展壮大的坚实精神支撑和强大道德力量"①。爱国精神是中华民族延续发展的强大动力，也是中国人民最广泛的道德共识。历史上，中华民族传颂的伟大人物都是爱国英雄，凡是背叛祖国的，都会受到人民的唾弃。以爱国主义为核心的民族精神在经济全球化时代一度受到冲击，但今天的中国人民清醒地认识到，面对霸权主义的威胁，祖国才是个人生存和发展的最强大的屏障。在爱国精神的指引下，中国人民的爱国之"心"转化为爱国之"行"，形成了报效祖国的磅礴力量。中国人民从来不

① 《新时代公民道德建设实施纲要》，《人民日报》2019年10月28日第1版。

会被困难吓倒，自强不息是中华民族最深层的性格表征。中国改革开放的伟大历程将中华民族的改革创新精神体现得淋漓尽致。以改革创新为核心的时代精神，激发了中国人民的斗志，增强了中国人民的信心，让中国人民更加自信自立。在中华民族走向伟大复兴的征程中，中国精神使中国人民始终保持昂扬向上的精神状态，提升了中国人的道德境界，让中国人民在道德上越来越自信。

### （二）当代中国道德自信培育的现实挑战

道德自信是社会道德发展状况在公民内心的映射，社会道德发展的现状直接影响着人们对于道德的自信程度。作为一种复杂的心理状态，个体自信心理的形成会受到生存环境的影响。当代中国道德自信的培育并非易事，需要克服一系列挑战。

**1. 确立价值观自信并非易事。**“价值观自信是道路自信、理论自信、制度自信、文化自信的有力支撑，是坚持和发展中国特色社会主义的底气底蕴所在。”① 道德自信的根基在于核心价值观的先进性，一个社会形成广泛认同的先进的核心价值观是公民道德自信的根本。社会主义核心价值观是当代中国社会在价值领域的最大公约数，也是人类历史上价值观发展的高峰。然而，价值观的培育有其内在的规律，确立民众对社会主义核心价值观的自信并非易事。当前中国社会价值观领域的博弈和斗争十分激烈，社会主义核心价值观与西方“普世价值”的冲突将长期存在，价值观的斗争将伴随社会主义和资本主义斗争的全过程。封建社会残余的价值观念也还有一定的影响力，一些地方封建迷信活动沉渣泛起，成为价值观教育的阻力。培育和践行社会主义核心价值观需要久久为功，可谓任重道远。当前需要“把社会主义核心价值观融入社会发展各方面，转化为人们的情感认同和行为习惯”②，努力做到使社会主义核心价值观深入人心，融入中华民族血脉。最关键的是需要通过深化改革，不断促进社会的发展进步，提

---

① 郭建宁：《价值观自信是文化自信的灵魂》，《中国教育报》2017 年 8 月 4 日第 3 版。

② 《中国共产党第十九次全国代表大会文件汇编》，人民出版社 2017 年版，第 34 页。

升人民群众的获得感和幸福感，为坚定社会主义核心价值观自信提供坚实的支撑。

**2. 构建社会诚信体系并非易事**。道德规范体系功能的有效发挥是提升道德自信的关键要素，如果一个社会占统治地位的道德规范体系无法发挥其应有的引导、规范和评价功能，往往意味着这个社会已经“礼崩乐坏”，人们对道德当然没有信心了。诚信是人类社会的基本道德规范，一个社会的诚信程度象征着这个社会道德文明的发展高度。诚信传递的是一种相互信任，既是对他人德性的肯定，也是对自我修养的一种肯定。诚信的社会一定是有着高度道德自信的社会，相反，欺诈行为的大量存在意味着社会成员对道德缺乏信心。当代中国社会，诚信体系建设还面临着一系列挑战，“造假欺诈、不讲信用的现象久治不绝，突破公序良俗底线、妨害人民幸福生活、伤害国家尊严和民族感情的事件时有发生”①。随着信息社会的深入发展，电信诈骗已成为社会的一大公害。信任危机容易演变为全领域的道德危机，不利于中华民族道德自信的培育。

**3. 增强个体道德动力并非易事**。道德自信在道德行为方面，表现为能够积极履行道德义务，完善道德人格。改革开放以来，中国社会结构发生了深刻变化，整个社会出现道德价值追求的“物化”风险、道德规范体系的“错位”风险、道德约束机制的“软化”风险、道德发展动力的“钝化”风险，社会上各种败德现象对深入人心的传统“德福一致”观念形成较大冲击。现代化的生产方式，“使道德的主体发生嬗变，主要表现为生存方式的物质化、原子化、差异化和碎片化倾向，并由此导致价值信仰的缺失、价值理想的失落、价值标准的模糊、价值取向的多元和价值选择的悖论”②。与改革开放前相比，很多人重视物质享受，追求金钱至上，“一些社会成员道德观念模糊甚至缺失，是非、善恶、美丑不分，见利忘义、唯利是图，损人利己、损公肥私”③。从整体上看，高尚人格的示范作用在

---

① 《新时代公民道德建设实施纲要》，《人民日报》2019 年 10 月 28 日第 1 版。

② 韩桥生：《现代社会生存方式的嬗变：价值冲突与道德矫正》，《理论月刊》2018 年第 6 期。

③ 《新时代公民道德建设实施纲要》，《人民日报》2019 年 10 月 28 日第 1 版。

式微，道德榜样的引领作用在下降，道德主体的自律性不强，道德修养的积极性不高。

**4. 理性道德生活并非易事。**道德自信在道德认知方面，表现为能理性、乐观地判断、分析、认识各种道德现象。在现实的道德生活中，真正的道德自信体现为能理性看待各种道德问题，在情绪上保持高度克制，特别在对外进行道德交流时能做到不卑不亢，不盛气凌人，也不低三下四。道德本质上是一种自律机制，道德一旦被视为规范他人的工具，道德绑架现象就会不可避免地发生。个人的道德修养不够时，看到社会上的一些不道德现象，往往容易受到情绪的支配。对他人进行道德上的指责是容易的，对自己进行道德上的反思往往是困难的。宽以待人，严于律己，是个人在道德上自信的体现。在对外交往时，在道德上做到自信也非易事。1840 年以来，中国人在道德心理上的变化呈现大起大落的特征，在道德自负与道德自卑之间来回转换，道德上理性平和的心态不足。即使在新时代，一些人也还存在严重的道德自卑心理，认为还是“外国的月亮更圆”。另一方面，一些人狭隘的民族主义情绪高涨，在道德心理上极度自负，排斥外来文化，出现复古主义思潮。中国人理性思维能力的提升是一个长期的过程，道德自信的培育也不是一蹴而就的。

### （三）当代中国道德不自信的具体表现

当前中国社会的一个突出特点就是差异性较大，从而导致人们在道德自信问题上呈现一种“不平衡”的状态，存在着明显的个体差异性。从整体上而言，中国人在道德上还是不够自信，一些人甚至有较严重的道德自卑心理，这种不自信的心理与中国综合实力和国际地位并不匹配。当代中国公民在社会公德、职业道德、家庭美德和个人私德方面均存在不自信心理。

**1. 对照革命道德的要求，部分人认为存在道德滑坡现象。**中国革命道德是人类道德发展史上一颗灿烂的明珠，激发了中国人的革命斗志，在中国革命过程中发挥了重要作用。在中国革命道德的指引下，中国人摆脱了被帝国主义压迫和奴役的命运，重新挺起了精神脊梁，并以高度的自信投入社会主义建设事业中。改革开放后，社会结构发生了较大的变化，思想上出现了多元化的态势，人们的道德观念出现了一定程度的分化。在对外交往的过程中，面对西方在经济、技术等方面的优势，在西方价值观念的影响下，一些人在心理上变得自卑，“丑陋的中国人”“民族的劣根性”等自我贬低的说法一度流行。在改革的过程中，一些人靠坑蒙拐骗致富，与革命道德的要求背道而驰。在此背景下，一些中国人认为，中国的道德建设出现了严重的滑坡，对精神文明建设的前景忧心忡忡，在道德上变得不自信了。

**2. 对比传统美德的地位，部分人觉得道德缺位。**中国传统社会强调以德治国，形成了中华传统美德。德是立身之本，也是治国之要。立德、立功、立言是中国人追求的“三不朽”，立德居于首位。在哲学上影响深远的义利之争中，重义轻利是传统社会知识分子的鲜明立场。改革开放后，受资本逐利性的影响，一些人为了利益不择手段，变成了精致的利己主义者。公民的权利意识在改革的大潮中觉醒了，义务观念却相应地淡化了。在一项调查中，“公民道德素质中最突出的问题是什么?”80.7%的人认为是“有道德知识，但不见诸行动”。[①] 媒体都在呼吁加强道德建设，然而整个社会却变得道德冷漠，见义不为、见死不救屡屡发生，以至于老人倒地该不该扶都成为舆论争论的焦点。与传统社会相比，当代中国道德的功能呈现式微的态势。在此背景下，一些中国人认为道德在现代社会是缺位的，对社会的道德现状满意度不高，对社会的道德前景信心不足。

**3. 比照社会主义道德要求，部分人感到道德差距。**“为人民服务是社会主义道德的核心，是社会主义道德区别和优越于其他社会形态道德的显著标志。”[②] 然而在一些人看来，为人民服务仅是一句口号，影响自己行为选择的还是利益。在一项调查中，当被问到“当今中国社会中人与人的冲突的原因有哪些?”65.7%的受访者选择了“过度的个人主义”。[③] 利己主义已经成为很多人的人生信条，与为人民服务的道德要求形成了鲜明的反差。近年来，各种违法犯罪现象不断冲击着社会的道德底线。2022年，全

① 参见樊浩《中国伦理道德报告》，中国社会科学出版社2012年版，第5页。
② 本书编写组：《思想道德修养与法律基础》，高等教育出版社2018年版，第109页。
③ 参见樊浩《中国伦理道德报告》，中国社会科学出版社2012年版，第5页。

国检察机关共批准和决定逮捕各类犯罪嫌疑人 49.4 万人；不捕 36.6 万人，不捕率 43.4%。共决定起诉 143.9 万人，不起诉 51.3 万人，不起诉率 26.3%。[①] 如果败德行为成了社会的常态，就会扭曲人们的道德认知，模糊人们的是非观念和善恶标准，使人们逐渐失去道德判断能力。败德行为也会淡化人们的道德情感，滋长人们心中的道德冷漠，如果任其发展，道德自信的培育将困难重重。

**4. 面对西方价值观的强势输出，部分人存在道德失落感。**西方资本主义发达国家擅于利用舆论工具，在全世界推广"普世价值"。西方"普世价值"以抽象人性论为基础，立足于西方资产阶级虚幻的世界观和价值理论，把民主、自由、人权等奉为超阶级、超国家、超时空的"普世价值"，主张以西方价值观作为衡量和评估其他价值理念的唯一标准。出于和平演变的目的，西方国家通过广播、电视、电影、游戏等文化产品大肆输出西方价值观。西方社会长期占据道德评价的制高点，把西方国家"打扮"为道德的"卫士"。受西方资本主义国家宣传的负面影响，一些国人无法理性、全面、准确地判断中外道德水平的差距，容易放大外国人的道德优点而忽略外国人的道德缺点，中外对比的结果是产生了道德上的失落感。

## 二　当代中国道德不自信的成因

造成一些国人道德不自信的原因是复杂的，既有历史的原因，也有现实的原因。在现代化建设过程中民族自信心的丧失、道德价值的冲突、社会败德行为的影响、道德教育的失效等，在一定程度上都加剧了国人在道德心理上的不自信。

### （一）自卑心态的延续

近代以来，腐朽的清王朝在对外交往中丧权辱国，中国人的民族自尊

---

① 参见《2022 年全国检察机关主要办案数据》，2023 年 3 月 7 日，https://www.spp.gov.cn/xwfbh/wsfbt/202303/t20230307_606553.shtml，2023 年 6 月 4 日。

心和自信心不断受到冲击。随着西方文化“东渐”，中国传统社会的核心价值观被逐渐解构了，中国人的心态开始变得自卑。胡适曾言：“我们必须承认我们自己百事不如人，不但物质机械上不如人，不但政治制度不如人，并且道德不如人。”[①] 历史上对本民族道德文化的否定，形成了一种强烈的道德自卑情结，在中国人内心留下深深的烙印。在自卑情绪的影响下，对传统文化轻视和质疑，文化自信土崩瓦解，开始一切向西方学习，掀起一波又一波向西方学习的浪潮，学器物、学制度、学科学技术等。即使在改革开放后，一些国人也对中国式现代化道路不自信。“中国人在屡遭顿挫中产生了对自身文化认知上的自卑。文化自卑最为极端的表现是有的人甚至对中华民族在种族方面的品质也产生了怀疑。”[②] 这种文化自卑心理一直伴随着中国特色社会主义现代化发展的进程，虽然改革开放后中国的经济实力空前提升，但在道德建设领域，道德自卑依然存在。特别是在百年未有之大变局的世界背景下，国际局势出现动荡态势，国内经济发展受到阻力，加剧了一些人的不自信心态，对道德自信的培育产生了较严重的负面影响。

### （二）官员腐败的冲击

改革开放后，官员腐败问题逐渐成为社会关注的热点，直接影响人民群众对于道德的自信。由于体制机制的不健全，一些官员生活开始腐化，利用行政审批权力谋取个人私利。2008—2012 年“共立案侦查各类职务犯罪案件 165787 件 218639 人，其中县处级以上国家工作人员 13173 人（含厅局级 950 人、省部级以上 30 人）。”[③] 2018 年至 2022 年，“全国检察机关共办理各类案件 1733. 6 万件，比前五年上升 40%”；“受理各级监委移送职务犯罪 8. 8 万人，已起诉 7. 8 万人，其中原省部级以上干部 104 人。检

---

① 牛其贞：《胡适论学近著》，山东人民出版社 1998 年版，第 112 页。

② 封海清：《从文化自卑到文化自觉——20 世纪 20 ~ 30 年代中国文化走向的转变》，《云南社会科学》2006 年第 5 期。

③ 曹建明：《最高人民检察院工作报告——2013 年 3 月 10 日在第十二届全国人民代表大会第一次会议上》，2013 年 3 月 22 日，https://www. spp. gov. cn/spp/gzbg/201303/t20130316_5713/. shtm，2023 年 6 月 4 日。

察机关提前介入职务犯罪案件从2018年1470件增至2022年1.1万件”[①]。从近年来查处后公开的案件看，个别官员收受贿款的金额动辄上亿，家里现金多到烧坏了银行的点钞机，个别官员的所作所为令人发指，生活腐化到已毫无党性可言，甚至人性都已经扭曲了。官员腐败的实质就是利用国家公权力来谋取个人的不正当利益，从而使国家利益、社会利益和公民利益受损。中国人习惯“以吏为师”，官员不但是社会治理的精英，更应是社会道德的楷模。如果为官者道德败坏、贪污腐化、生活堕落，便会挫伤民众道德养成的积极性，恶化社会的道德风气。官员腐败冲击社会合理的利益关系，会打破社会利益格局的平衡，损害道德自信的利益根基。官员腐败往往是以权钱勾结的形式出现，使国家权力的天平偏向了富裕阶层，损害了底层民众的合法利益和发展机会，加剧了阶层之间的对立和冲突，会激化社会矛盾。官员腐败也损害了政府的道德权威，人们对政府不信任，遇到问题往往倾向于通过个人关系解决。官员腐败会导致社会极度不公正，使得社会产生暴虐之气，即使经济发展提高了人们的整体收入水平，但人人都觉得自己是社会发展的受害者，人们内心会对社会的道德要求产生一种抗拒，对社会秩序形成一种蔑视心理。官员腐败因“其身不正，虽令也不从”，法律得不到贯彻执行，本该禁止的行为在金钱的腐蚀下屡屡发生，增加了社会治理的成本，也使得社会发展处于更不可控的状态。党的十八大以来，在党中央的坚强领导下，“坚持反腐败无禁区、全覆盖、零容忍，坚定不移‘打虎’、‘拍蝇’、‘猎狐’，不敢腐的目标初步实现，不能腐的笼子越扎越牢，不想腐的堤坝正在构筑，反腐败斗争压倒性态势已经形成并巩固发展”[②]。然而，“四风”问题依然存在，腐败问题出现新的苗头，反腐败的任务仍然艰巨。本应该成为道德表率的领导干部如果不能发挥模范作用，广大群众也将无所适从，难以确立起对道德的信心。

---

① 张军：《最高人民检察院工作报告——2023年3月7日在第十四届全国人民代表大会第一次会议上》，2023年3月17日，https://www.spp.gov.cn/spp/gzbg/202303/t20230317_608767.shtml，2023年6月4日。

② 《习近平谈治国理政》第三卷，外文出版社2020年版，第6—7页。

## （三）分配失衡的刺激

“如果说社会公正最能体现社会的文明程度的话，人们的道德水准就是社会公正及其文明程度在人们心灵上的投射和印记。”[①] 贫富差距过大是社会不公正的直接体现，人们的行为选择与利益有着千丝万缕的联系，合理的利益关系是道德认同的基础，贫富差距过大将损害人们对于道德的信心。“我国社会的主要矛盾已经转化为人民日益增长的美好生活需要和不平衡不充分的发展之间的矛盾。”[②] 正常的收入差距有助于激起人们的竞争欲望，提高人们的积极性、主动性和创造性，增强个人道德发展的动力。但收入差距如果超出了合理的限度，就会导致发展起点和发展机会的不公正，出现阶层的固化，堵塞底层群众向上流动的通道，出现富者愈富、贫者愈贫的现象。中国改革开放后，原来相对平均的财富关系被打破了，人与人之间的收入状况出现较大的差异。1978 年中国城乡居民平均收入差距为 2.7 倍，2007 年扩大到为 6.5 倍。“2012 年中国基尼系数达到 0.474，属于收入差距较大的行列。高低收入人群差距明显。城镇居民家庭最高收入户与最低收入户人均可支配收入之比达 7.8，其中最高收入户与困难户收入之比可达 9.8。”[③] 根据世界不平等数据库，我国的财富基尼系数比收入高出约 0.25，2015 年后在稳定中小幅波动，近两年因疫情等冲击有扩大趋势；前 10% 的高收入人群在总收入中的占比在 1980 年约为 25%，近十年稳定在 30%—40%；前 10% 的高净值人群在总财富中占比从 1980 年的 40% 上升到 2011 年后的 67% 左右。[④] 贫富差距还体现在受教育权的保障上，2012 年的统计数据显示，“地区经济发展水平的巨大差异反映在社会发展的各个层面：在教育方面，东部地区在教育资源和教学水平方面都存在巨大领先优势，如北京的高中入学率达到 98%，专上

---

① 张寒梅：《论社会公正与公民道德建设》，《理论前沿》2007 年第 20 期。

② 《习近平谈治国理政》第三卷，外文出版社 2020 年版，第 9 页。

③ 杨家亮：《中国人文发展指数比较分析》，《调研世界》2014 年第 1 期。

④ 参见陈琳、滕雅琳《共同富裕与贫富差距：问题、争议与共识》，《新疆社会科学》2022 年第 5 期。

教育[①]入学率可达60%，与英国、以色列等发达国家大学入学率相当。而贵州高中入学率仅有55%，将近一半的学生会在高中阶段辍学，专上教育入学率仅有20%，仅相当于越南、老挝的水平”[②]。2019年4月，习近平总书记在解决“两不愁三保障”突出问题座谈会上的讲话中指出：在义务教育保障方面，全国有60多万义务教育阶段孩子辍学；在基本医疗保障方面，一些贫困人口没有参加基本医疗保险，一些贫困人口常见病、慢性病得不到及时治疗；在住房安全保障方面，全国需要进行危房改造的4类重点对象大约160万户；在饮水安全方面，还有大约104万贫困人口饮水安全问题没有解决，全国农村有6000万人饮水安全需要巩固提升。[③] 近年来，我国地区之间、城乡之间、行业之间的收入差距有扩大的趋势，并出现了阶层固化现象，出现了“富二代”“富三代”，也出现了“二代农民工”“三代农民工”。社会收入差距如果不断加剧，会使得人们的心态失衡，进而刺激、影响人们的道德认知和道德评价。收入差距过大，会导致人们考虑问题的利益出发点不同，使得道德标准和道德评价出现分歧，从而给道德自信的培育带来障碍。

### （四）诚信机制的缺失

诚信机制不健全、不完善是影响当代中国人道德生活积极性的重要因素。诚信是中华民族的传统美德，中国人自古以来都把诚信作为立身之本，但由于社会结构的变迁，诚信的道德要求在当代社会面临着时代的困境。中国传统社会是封闭性的熟人社会，伦理道德的外在约束力容易发挥作用，因为任何不道德的行为经熟人的口口相传都容易变成“坏人”的标签，违反道德要求的行为要付出的代价很高。在传统乡村社会，诚信的约束机制主要是依靠内在的良心，不需要靠法律等外在机制来建立。然而，现代社会是陌生人社会，人员流动频繁，降低了道德评价的约束力，如果

① 专上教育指中学修业后任何不低于中学修业后的教育程度而属专业、技术、学术性质的教育。

② 杨家亮：《中国人文发展指数比较分析》，《调研世界》2014年第1期。

③ 参见《习近平谈治国理政》第三卷，外文出版社2020年版，第159页。

完全依靠强制性的法律机制，成本又太高。由于市场机制、法律机制的不健全，改革开放过程中一些地方交易市场上一度出现假货横行的现象，加剧了整个社会的不诚信，加大了社会培育道德自信的难度。如何建立完善的、有效的诚信机制是当代中国道德建设的重大任务，也是道德自信培育需要解决的重点问题。

### （五）媒体的过度渲染

新闻媒体是形成道德舆论、提升道德影响力的重要渠道。在当今社会，道德要发挥调整社会关系的功能，离不开新闻媒体的各类报道。然而，新闻媒体的负面影响却是导致道德式微的重要因素。从世界范围来看，关于新闻伦理问题的讨论从未停止，媒体在传播新闻的过程中，引发的伦理问题值得人们深思。1994 年，南非摄影师凯文·卡特发表了一幅反映苏丹人道危机的照片，人们从照片中看到一个瘦弱且濒死的小女孩伏在地上，一只巨大的秃鹫紧跟小女孩身后，等待着她的死亡。这幅《饥饿的苏丹》获得了当年的普利策新闻奖，但伴随着巨大荣誉而来的是对作者新闻道德的谴责。几个月后，作者无法承受内心的痛苦，在公众的指责声中自杀了。随着科技的进步，媒体传播越来越发达。当前，一些新闻媒体为了博取读者的眼球，经常做出有悖于新闻伦理规范的事情，过度地渲染一些负面事件，反而引发了公众的心理恐慌和担忧，造成了事情发展的恶性循环。媒体在舆论引导上具有极大的片面性，往往是本着“狗咬人不是新闻，人咬狗才是新闻”的态度，喜欢报道负面新闻，热点新闻中关于灾难、事故的内容太多，往往容易引发大众的恐慌和不安全感以及心理扭曲和悲观情绪，不利于监督和修正社会不健康因素。特别是当今自媒体时代，资讯发布的快捷性有正面效应，也具有负面效应，虚假、失真的消息因能快速广泛传播，更容易引起社会的恐慌和误解。自媒体时代还带有去中心化的倾向，容易使个人生活碎片化、虚拟化。一些微博和微信公众号为了吸引“粉丝”关注，喜欢报道一些极端化的事例，专注负面新闻，热衷渲染炒作，使得网络出现庸俗化的倾向，给公众造成不良道德感受和普遍的道德焦虑。网络媒体为了提高点击率，极力迎合传播的“审丑”心态，映入眼帘的视频画面很多都是令人愤愤不平的丑陋现象。一些网红就是靠炫丑得以走红，其自身的某种特质在网络作用下被无限放大，以恶俗的低级娱乐性迎合了一般网民审丑、刺激、臆想以及看客的心理，甚至通过挑战社会道德底线、扭曲正常价值观的方式来走红。现实生活中遵纪守法、辛勤工作、乐于助人的广大人民群众往往没有争夺“眼球”的能力，满足不了网民的猎奇心理，难以成为社会舆论称颂的对象。因此，他们被淹没在众声喧哗之中，变成了沉默的大多数。忽视这些平凡的大多数，无形中贬低了主流道德的地位，侵蚀着整个社会的道德信心。

### （六）道德控制的乏力

道德对社会的协调和控制能力直接反映了一个社会道德的地位。对社会的控制有多种方式，归纳起来可以分为两类，一类是靠外在的武力控制，如依靠军队、警察等专政机关控制社会；二是依靠内在的认同控制，如通过道德认同凝聚人心。历史已经证明仅靠武力来控制社会很难持久，构建道德的认同才能实现社会的长治久安。道德认同是一种内在的控制机制，是一种成本较低的治理手段。然而，改革开放后，中国社会的道德控制力、道德影响力有下滑的趋势，社会主义道德没有发挥其本该有的作用。“当前，少数党员、干部自我革命精神淡化，安于现状、得过且过；有的检视问题能力退化，患得患失、讳疾忌医；有的批评能力弱化，明哲保身、装聋作哑；有的骄奢腐化，目中无纪甚至顶风违纪，违反党的纪律和中央八项规定精神问题屡禁不止。”[①] 道德控制主要是通过社会的舆论机制和个体的良心机制来进行。在西方社会，舆论自由虽被多数国家的宪法和法律所确认，但媒体多由资本大鳄所控制，舆论往往被资本所操控，难以反映真实的民意。权力和资本的控制，使得社会舆论带有严重的偏好，这一方面损害了媒体自身的诚信和权威，另一方面也使得社会舆论难以发挥道德评价和道德监督应有的作用，降低了道德的控制协调能力。由于监督机制的不健全，如果媒体新闻自由受到限制，主流媒体只能有选择性地

---

① 《习近平谈治国理政》第三卷，外文出版社 2020 年版，第 541 页。

报道，而网络媒体特别是各种自媒体没有制约又胡乱发声时，就会出现道德评价和舆论监督的缺场或错位。正如爱尔维修所指出的：当人们处于从恶能得到好处的制度之下时，要劝人从善是徒劳的。[①] 没有舆论的监督，恶人越敢胡作非为，好人却只能选择闭口禁言，整个社会的道德水平只会越来越低。“良知”自律是道德主体的自我监督的道德品质和理想境界，通过调节和控制自己的行为，使之符合社会的要求。然而，在市场经济条件下，资本的力量无孔不入，市场的等价交换规则容易由经济领域蔓延到社会各个领域，金钱成为很多人的人生追求，人受物所役，导致崇高的道德追求不断变得稀缺。人类的道德生活史已经证明，仅靠“良知”自律难以发挥道德控制的作用，必须做到自律和他律相统一，才能为道德的健康发展营造良好的氛围。

### （七）道德教育的低效

道德教育是提升整个社会道德水平的重要途径。开展形式多样的道德教育，发挥德育功能，有助于受教育者提高道德觉悟和认识，陶冶道德情操，锻炼道德意志，树立道德信念，培养道德品质，养成道德习惯。然而，在现代社会，德育的功能不断弱化。今天一切传统道德似乎已经面临分崩离析的绝境。从旧的精神催眠中苏醒了的人类，从顽固的精神桎梏中解脱了的人类，已经将自己的生命完全融入自然，认识到精神的自我异化，已经给人类带来无数无可挽回的肉体灭亡和精神灾难。人们在享受道德自由的同时，道德的神圣性和崇高性也瓦解了。个体在自我意识的驱使下，对社会的道德教育活动往往带着“审视”的眼光去看待。人们崇尚个性化的生活方式，内心排斥着道德的统一要求，道德模范、道德榜样的示范引领作用在降低。在中国社会转型的过程中，多种因素的影响导致德育功能弱化也十分明显。中国人的权利意识不断觉醒，对社会的义务和担当却没有同步增长。传统社会的道德观念与市场经济的要求产生了激烈了冲突，革命年代形成的革命道德与现实生活产生了一定程度的脱节，使得道

---

① 转引自杜时忠《制度德性与制度德育》，《教育研究与实验》2002 年第 1 期。

德教育经常无所适从。道德教育的方式和方法，存在“两张皮”的现象，重视显性的教育方式，忽视隐性的教育方式，一些学校还是“满堂灌”的教育方法，不重视学生的道德体验。资本主义文化垃圾和腐朽生活方式通过网络传播的方式，不断腐蚀人们的心灵。在自媒体的语境下，道德传播更快了，但过程更复杂、结果更不可控了，经常发生“好事不出门，坏事传千里”的情况。人们功利主义倾向严重，行为处事不考虑动机与手段，仅考虑结果的快乐，在道德教育上则表现得越来越庸俗化，金钱标准取代了道德标准，为达目的不择手段，笑贫不笑娼。德育功能的弱化慢慢使人失去了敬畏之心，人们蛮干、瞎闯的胆子大了，不计后果的行为往往会引发道德信任的危机。

### （八）虚无主义的影响

现代性困境的一个重要表现就是道德虚无主义的流行。道德虚无主义的主旨是从根本上否定道德的实存。道德虚无主义的主张可谓历史悠久，从“有”与“无”的对立统一关系出发，虚无很可能是一种深刻的价值规律。但在后现代主义解构权威的主张中，道德虚无容易从非道德转向反道德。道德虚无主义一词在今天的语境下实际上包含三种反道德的主张，除了价值的缺失即狭义的虚无主义，还有非道德主义和道德相对主义，三者分别是对道德的来源、作用和标准的否定。三种虚无主义思潮自在启蒙运动之后的欧洲出现以来始终困扰着哲学界。20 世纪以来，历史虚无主义思潮扩大到了政治、经济、道德领域。资本主义生产方式下，为追逐利润，需要不断提高生产效率，从而导致社会分工越来越细，很多人一生的工作都是局限于生产线上某一个环节。人的生存方式变得“原子化”“碎片化”“片面化”，极大地冲击着人的内心世界，让人感到个人对于社会的责任是虚无的，从而认为社会的道德要求与自己并无直接的关联，容易让人陷入道德虚无主义的泥潭。社会财富的快速洗牌、科技的日新月异让整个社会的一切都处于不确定中，让人们对生活感到无意义，淡化了人生立德的使命感和责任感，降低了社会道德的权威性和约束力。很多人不相信道德是社会发展的“必需品”，认为道德仅是个人生存的一点良知罢了。道德虚无主义的蔓延一定程度上加剧了社会的道德风险，加重了人们的道德相对主义的倾向，消解了道德精神的标杆，弱化了人们对民族、国家和社会的道德情感维系。道德虚无主义是一种否认道德的客观实在性、消解一切道德文化传统、否定道德之于生活的意义、反对任何道德规范并将道德信仰“祛魅”的思潮。在这种思潮的影响下，人们难以确立道德信仰，对道德更无自信可言。

# 第七章　新时代道德自信的培育路径

《新时代公民道德建设实施纲要》指出："加强公民道德建设是一项长期而紧迫、艰巨而复杂的任务，要适应新时代新要求，坚持目标导向和问题导向相统一，进一步加大工作力度，把握规律、积极创新，持之以恒、久久为功，推动全民道德素质和社会文明程度达到一个新高度。"① 道德自信的培育是一项系统工程，需要夯实道德自信培育的坚实基础，强化道德自信培育的体系支撑，构建道德自信培育的力量系统，完善道德自信培育的实践机制。

## 一　夯实道德自信培育的坚实基础

道德自信只有在国家的发展中才能实现，没有国家综合实力的提升，很难在道德上有真正的、持续的自信。实现中华民族伟大复兴是道德自信培育的历史大背景，创造美好生活是道德自信培育的实践场域，弘扬中国精神是道德自信培育的内在动力。

### （一）在实现民族复兴中提升道德自信

在实现中华民族伟大复兴的进程中，中国共产党领导中国人民树立了中华民族伦理精神的自信，激发了中国人民的道德自觉和道德自信。井冈山革命斗争时期，面对敌人的封锁和围剿，以毛泽东为代表的中国共产党人坚信革命必将胜利，相信革命的星星之火，必将在中华大地燎原。中国

① 《新时代公民道德建设实施纲要》，《人民日报》2019 年 10 月 28 日第 1 版。

共产党人的道德自信，教育和感染了千千万万的红军战士和革命群众，形成了著名的“井冈山精神”。即使在艰苦的长征路上，红军战士亦能够迸发出革命的乐观主义精神和英雄主义精神，创造了人类历史上的奇迹。抗日战争全面爆发后，毛泽东以高度的自信写出了震惊中外的《论持久战》，准确预言了中国人民必将胜利的结果。解放战争时期，毛泽东基于伦理精神的高度自信深刻地指出：帝国主义和一切反动派都是纸老虎。中国人民勇于斗争、敢于战斗，推翻了三座大山，实现了民族解放，民族自信心得到了空前的彰显。新民主主义革命的胜利，打倒了帝国主义、封建主义、官僚资本主义的压迫，为实现中华民族伟大复兴创造了根本社会条件，奠定了中华民族道德自信的根基。社会主义革命和建设时期，建立了社会主义制度，推进社会主义建设，极大地提升了国人的道德自信。改革开放和社会主义现代化建设新时期，解放和发展社会生产力，使人民摆脱贫困、尽快富裕起来，为中华民族道德自信的培育提供了物质条件。

中国特色社会主义进入新时代后，中华民族成功实现了第一个百年奋斗目标，开启了实现第二个百年奋斗目标的新征程，朝着实现中华民族伟大复兴的宏伟目标继续前进，中国人民在道德上也将更加自信自强。然而，中华民族伟大复兴，绝不是轻轻松松、敲锣打鼓就能实现的，中国越接近世界舞台的中央，遇到的阻力也越大。在新的时代征程中，“拜金主义、享乐主义、极端个人主义和历史虚无主义等错误思潮不时出现，网络舆论乱象丛生，一些领导干部政治立场模糊、缺乏斗争精神，严重影响人们思想和社会舆论环境”①。面对困难和挑战，中国共产党人不妥协、不屈服，中国人民不悲观、不失望，坚信重新站起来的中华民族必将迎来新的辉煌。“一百年来，党始终践行初心使命，团结带领全国各族人民绘就了人类发展史上的壮美画卷，中华民族伟大复兴展现出前所未有的光明前景。”② 中国人在道德上越来越自信了，随着中华民族伟大复兴，中国人必

---

① 《中共中央关于党的百年奋斗重大成就和历史经验的决议》，《人民日报》2021 年 11 月 17 日第 1 版。

② 《中共中央关于党的百年奋斗重大成就和历史经验的决议》，《人民日报》2021 年 11 月 17 日第 1 版。

将实现道德上的自强。

### （二）在建设美好生活中提升道德自信

人民群众的道德自信是在生活实践中形成的，离开了现实生活谈道德自信的培育无疑是水中捞月。美好生活具有丰富的内涵，主要包括丰盈充实的物质生活、丰富高雅的文化生活、风清气正的政治生活、有尊严的精神生活、和谐优美的社会和生态生活，具有人民性、理想性、现实性和实践性等鲜明的时代特征，其根本价值取向是人的全面发展。美好生活作为一个描述性命题，本质上是一个价值判断。新时代是以“美好生活”为中心的好品德、好人格与好社会的完美、和谐状态，是真善美价值体系的有机统一。道德自信依赖美好生活的实现，美好生活也需要道德自信的支撑。生活越来越美好，社会的道德水平也越来越高，自然人们也就有了道德自信。如果人民群众生活于水深火热之中，是难有道德自信可言的。道德伦理是人们在生活中因道德而结成的一种正式伦理，是人们生活中的一种行为规范和伦理价值形态，以人们生活中的正当利益为基础。道德伦理在维护美好生活时，以关系和乐协调、秩序共建同构、价值共享互通为基本理念，通过人与自然和谐共生、人与人和睦共处、人与社会和合共存、人的自我身心和解共益等原则得以具象化。美好生活只有通过人们的努力奋斗和奉献才能被创造出来，其实践过程将充分彰显道德自信的积极作用。美好生活的目标影响着社会个体的德性涵养，并不断融入伦理共同体的价值标准与判断中。美好生活生成人的本质，成就成人之道，完善人之德性，从内心深处提升主体的道德自信。提升主体的道德自信，可以启发个体追寻道德生活，塑造个体走向理性生活，最终目的就是要让人们过上美好生活，并促进人的全面发展。

对美好生活的向往是中华民族自古以来的梦想，人民群众在追求美好生活的实践中不断提升道德自信。党的十九大明确了新时代中国特色社会主义的主要矛盾，要求更好满足人民日益增长的美好生活需要，并明确指出，“把人民对美好生活的向往作为奋斗目标”①。美好生活是主体依据客

① 《习近平谈治国理政》第三卷，外文出版社2020年版，第17页。

观生活世界而生成的幸福感受，是广大人民对于现实生存状态所生成的主观体验与积极评价。美好生活实践本身的开放性以及无限性决定了美好生活是基于现实而对未来生存图景的积极确信，这种确信包含了道德层面的自信，包含了对社会道德现状的肯定和对道德未来发展的信心。美好生活的内容是丰富的，包含各个方面的发展和美好，但有一点是肯定的，美好生活必定是有道德的生活。道德伦理是美好生活之价值生态的重要元素。美好生活意味着人们对生活中共同价值的共通理解，既是每个人都能充分展示自由个性即全面发展的生活，也是遵守道德顺应伦理的生活。美好生活充分展示出人民需要的全面性和丰富性，是实现人的全面发展的现实前提，而满足人民日益增长的美好生活需要，实现人民对美好生活的向往是新时代中国特色社会主义的奋斗目标。满足人民群众日益增长的美好生活需要从根本上体现了马克思主义的价值取向和社会主义的本质要求，是马克思主义关于人的全面发展理论的中国化、时代化和大众化。美好生活不是用来享受的，而是用来创造的。满足人民日益增长的美好生活需要，关键靠发展。在经济发展和社会全面发展中，人的全面发展具有根本性。没有人的需要的发展和以能力为本位的整体素质等的提高，就没有经济、政治、文化、社会、生态等的全面发展，也就没有美好生活。在美好生活的建设中，主体的道德自信提升有了源头活水，美好生活的实现过程也就是主体道德自信提升的过程。

### （三）在弘扬中国精神中提升道德自信

道德自信离不开精神力量的支撑，道德自信的培育过程也是弘扬中国精神的过程。“人民有信仰，民族有希望，国家有力量。”作为一种积极的道德心理状态，道德自信是国人精神面貌的体现。幽幽中华，源远流长，五千年的精神脉络在历史发展长河中不断积淀、承袭，形成了博大精深的中国精神。中国精神是中华儿女共同的精神家园，是中华民族的脊梁。中国精神也是一个永恒而又常新的命题。近代中国遭遇了“千年变局”，使得中华民族精神日趋委顿，出现了严重危机。正是马克思主义传入中国后，给中国精神注入了生机和活力，使中国人的精神由被动转为主动，国人精神面貌空前高扬。在当代中国，中国精神主要体现为以爱国主义为核心的民族精神和以改革创新为核心的时代精神。中国精神是生发于中华文明传统、积蕴于近现代中华民族复兴历程，迸发出了很强的凝聚、动员和感召效应的精神品质，是民族传统、文化、素质和心理的集中体现。中国精神作为一种国家精神，彰显了中国人的精神风貌。面对中华民族伟大复兴战略全局和世界百年未有之大变局，实现中国梦必须弘扬中国精神。中国精神体现了中国智慧，凝聚了中国力量，是中国人民和中华民族攻克难关、砥砺前行的重要法宝。中华民族伟大复兴挑战空前，未来仍将风狂雨骤。中国精神是凝心聚力的兴国之魂、强国之魂。弘扬中国精神是实现中华民族伟大复兴中国梦的动力之源，对于推动全社会道德文化的发展、提升全民的道德自信具有重要的价值。中国精神是自信的精神，天然具有自信品格，弘扬中国精神与增强国人的民族自信、道德自信是天然吻合的关系。

提升国人的道德自信，需要在全社会全面深入地弘扬中国精神。中国共产党历来重视通过发挥精神的力量来提升全体中国人民的道德自觉和道德自信。毛泽东同志号召共产党人要做“一个高尚的人，一个纯粹的人，一个有道德的人，一个脱离了低级趣味的人，一个有益于人民的人”①；邓小平同志提出了培养有理想、有道德、有文化、有纪律的“四有新人”的时代理念；党的十七届六中全会把文化自觉和文化强国提升为国家战略，更加全面地论述了道德自觉和道德自信在文化兴国中的基础性地位；党的十八大报告提出，“要坚持依法治国和以德治国相结合，加强社会公德、职业道德、家庭美德、个人品德教育，弘扬中华传统美德，弘扬时代新风。推进公民道德建设工程，弘扬真善美、贬斥假恶丑，引导人们自觉履行法定义务、社会责任、家庭责任，营造劳动光荣、创造伟大的社会氛围，培育知荣辱、讲正气、作奉献、促和谐的良好风尚”②。党的十九大报告提出，“推动中华优秀传统文化创造性转化、创新性发展，继承革命文化，发展社会主义先进文化，不忘本来、吸收外来、面向未来，更好构筑

① 《毛泽东选集》第二卷，人民出版社1991年版，第660页。

② 胡锦涛：《在中国共产党第十八次全国代表大会上的报告》，人民出版社2012年版，第32页。

中国精神、中国价值、中国力量，为人民提供精神指引”[①]。党的十九届六中全会强调，“必须坚持以人民为中心的工作导向，举旗帜、聚民心、育新人、兴文化、展形象，牢牢掌握意识形态工作领导权，建设具有强大凝聚力和引领力的社会主义意识形态，建设社会主义文化强国，激发全民族文化创新创造活力，更好构筑中国精神、中国价值、中国力量，巩固全党全国各族人民团结奋斗的共同思想基础”[②]。面对国内外复杂的形势，需要全面深入地弘扬中国精神，建立弘扬中国精神的长效机制，凝聚全社会的奋斗力量，为实现中华民族伟大复兴的中国梦提供强大的、持久的动力支撑，这也是道德自信培育的内在要求。

## 二　强化道德自信培育的体系支撑

道德自信的培育是一项系统工程，是道德价值体系、道德话语体系、道德交流体系共同作用的结果。道德自信的培育需要强化行动上的体系支撑。

### （一）建设道德价值体系

道德价值体系是一国文化的基础，也是一国文化的核心，深刻影响着一国文化的面貌和样态。培育公民道德自信需要培养公民对道德价值体系的情感认同，进而使其自觉践行道德价值体系的规范要求。“价值观的自信，是一个国家和民族在推进文化发展的进程中有所依循、知所趋止、顽强进取的定力与韧性所在，也是一个国家和民族面对各种文明创造和文化滋养择善而纳、从容吞吐的气度与尺度所在。”[③] 社会主义核心价值观是当代中国道德价值体系的集中体现，培育公民道德自信需要培育和践行社会

---

① 习近平：《决胜全面建成小康社会 夺取新时代中国特色社会主义伟大胜利——在中国共产党第十九次全国代表大会上的报告》，《人民日报》2017 年 10 月 28 日第 1 版。

② 《中共中央关于党的百年奋斗重大成就和历史经验的决议》，《人民日报》2021 年 11 月 17 日第 1 版。

③ 沈壮海：《价值观自信是文化自信之核》，《求是》2014 第 18 期。

主义核心价值观，深入实施公民道德建设工程。

**1. 强化对社会主义核心价值观的自觉认同。**“社会主义核心价值观是当代中国精神的集中体现，凝结着全体人民共同的价值追求。”① 社会主义核心价值观立基于马克思主义价值立场，传承了中华传统美德，承载着当代中国人民的理想信念，也吸收了世界文明的先进价值。习近平总书记指出：“在5000多年文明发展中孕育的中华优秀传统文化，在党和人民伟大斗争中孕育的革命文化和社会主义先进文化，积淀着中华民族最深层的精神追求，代表着中华民族独特的精神标识。”② 一是通过传承中华优秀传统文化强化人们对社会主义核心价值观的自觉认同。中华优秀传统文化是伦理本位的文化，把道德视为治国之本、立身之本，形成了完善的美德体系。中华传统美德是中华民族在长期的道德生活实践中总结出来的优良品德，已经深深地融入中国人的血液。二是通过弘扬先进的革命道德强化人们对社会主义核心价值观的自觉认同。马克思主义传播到中国之后，中国的精神开始由被动变为主动，在斗争中形成了伟大的革命精神和革命道德。革命道德坚持以为人民服务为核心、以集体主义为原则，为社会主义核心价值观的形成奠定了底色和基础，使得社会主义核心价值观具有鲜明的人民性的特征。“弘扬以伟大建党精神为源头的中国共产党人精神谱系，用好红色资源，深入开展社会主义核心价值观宣传教育，深化爱国主义、集体主义、社会主义教育，着力培养担当民族复兴大任的时代新人。”③ 三是通过实施公民道德建设工程强化人们对社会主义核心价值观的自觉认同。加强社会主义道德建设，坚持马克思主义伦理学的立场、观点和方法，旗帜鲜明地反对西方资产阶级伦理思想。以为人民服务为核心、集体主义为原则的社会主义道德超越了为资产阶级服务、强调个人利益的资本主义道德。通过推进社会公德、职业道德、家庭美德、个人品德建设，激

---

① 习近平：《决胜全面建成小康社会 夺取新时代中国特色社会主义伟大胜利——在中国共产党第十九次全国代表大会上的报告》，《人民日报》2017年10月28日第1版。

② 习近平：《在庆祝中国共产党成立95周年大会上的讲话》，人民出版社2016年版，第13页。

③ 习近平：《高举中国特色社会主义伟大旗帜 为全面建设社会主义现代化国家而团结奋斗——在中国共产党第二十次全国代表大会上的报告》，人民出版社2022版，第44页。

励人们向上向善、孝老爱亲，忠于祖国、忠于人民。系统推进诚信建设，让诚信美德深入人心，通过制度约束，让失信者受到惩戒。提高民众的法律意识，切实维护人民群众的合法权益，同时强化企业和民众的社会责任意识、规则意识、奉献意识。四是通过吸收世界文明的先进理念强化人们对社会主义核心价值观的自觉认同。文明因交流而多彩、因互鉴而丰富。开放、包容、兼收、融合精神是中华文明生生不息、具有强大生命力的重要体现。要真正实现道德自觉、强化道德自信，绝不能闭守自己的道德文化，而需要以开放的态度主动拥抱人类创造的各种文明，做到博采众长、兼收并蓄。

**2. 坚持用社会主义核心价值观铸魂育人。**“核心价值观，其实就是一种德，既是个人的德，也是一种大德，就是国家的德、社会的德。”①一是强化社会主义核心价值观的教育引导、实践养成和制度保障。把社会主义核心价值观作为学校思想政治课的核心内容、作为各类专业课程建设的方向引领、作为课外实践的价值导向，建设用社会主义核心价值观铸魂育人的长效机制，真正做到将社会主义核心价值观内化于心、外化于行。二是“把社会主义核心价值观融入法治建设、融入社会发展、融入日常生活”②。“一种价值观要真正发挥作用，必须融入社会生活，让人们在实践中感知它、领悟它。”③ 坚持把社会主义核心价值观融入立法、执法、司法的全过程，实现德法相融，让法律成为最低限度的道德，筑牢整个社会的道德底线。坚持把社会主义核心价值观融入社会发展的全领域、全过程，为人们提供高质量的精神文化产品，共同抵制低俗文化的侵袭，让道德滋润人心、引领社会风尚。人无常心，习以成性，国无常俗，教则移风。坚持把社会主义核心价值观融入人们日常生活，使其转化为新时代人们日常生活中的“礼”，让道德价值体系与人们日常生活的规范性要求融为一体。“社会主义核心价值观是文化软实力的关键，没有社会主义核心价值观，文化

---

① 《习近平谈治国理政》第一卷，外文出版社 2018 年版，第 168 页。

② 习近平：《高举中国特色社会主义伟大旗帜　为全面建设社会主义现代化国家而团结奋斗——在中国共产党第二十次全国代表大会上的报告》，人民出版社 2022 版，第 44 页。

③ 《习近平谈治国理政》第一卷，外文出版社 2018 年版，第 165 页。

建设就失去了魂，失去了方向和引领。”[①] 社会主义核心价值观就是当代中国人民的“心”与“魂”，用社会主义核心价值观铸魂育人就是“为天地立心”“为生民立命”。

### （二）构建道德话语体系

话语是互动交往的载体，基于一定道德意识及道德评价进行的语言表达属于道德话语。道德话语作为一种表达意图和想法的语言符号，源自“语言”的概念转化与延展，其本身成了话语语境和话语媒介。道德话语旨在通过一定的话语符号，不断促进社会成员道德层面的沟通和交流，充分表达道德的话语权。

**1. 提升中华民族的道德话语权。**话语是人们用来表达意志、传递信息的工具，是用于人们交往的有声语言和文字符号系统，本身并无善恶之分、好坏之别，只存有准确和效率问题。然而，如若争夺、垄断话语，或制造话语，借以表达自己的意志，以达到支配他者观念与行动的目的，那么就具有了鲜明的正当性问题。无论从国家治理还是从社会管理的角度看，拥有和使用话语权都是极为重要的事情。一个民族要培育道德自信，就必须建立起符合本民族特点的道德话语体系，并对其他国家和民族争夺、垄断道德话语权的现象进行斗争。马克思与西方经典哲学家在道德理论上的区别在于，他没有像后者那样把“道德”看作“神”或“人”活动的产物，而是将道德看作与人的发展并行存在的一种社会形式。通过对传统资本主义道德理论的研究，马克思将“竞争”“异化”“共同体”作为新的道德话语，构建了无产阶级的叙述范式和道德价值的评价标准。历史唯物主义的发展与道德价值理论的发展在马克思的理论中得到了充分的统一，物质生产与道德发展成为人的社会实践的有机组成部分，道德话语的不断发展所形成的话语形式将会在“真正的共同体”的政治生态中成为社会秩序的依附标准。传统社会到现代社会的演变过程中，伦理学话语发生了以“善”为主题到以“正当”为主题的现代性转换，从而导致了

① 郭建宁：《价值观自信是文化自信的灵魂》，《中国教育报》2017年8月4日第3版。

“德性”与“规范”的分离。现代性道德危机的根源也正是这种分离所引起的“道德话语”与“伦理话语”的错位。道德话语对于提升社会道德水平的价值不容低估。历史唯物主义关于思想上层建筑与政治上层建筑的关系理论，很好地诠释了道德话语在国家治理现代化中的作用。提升国人的道德自信，需要打破现阶段全球治理中中华民族道德话语边缘化的窘境，提升中华民族的道德话语权。中华民族有着悠久的历史，中国人的血液中有着坚韧不拔和永不屈服的基因，我们在任何时候都不应妄自菲薄，培育道德自信需要建构有一定理论支持、符合现实要求、用语规范、评价理性的道德话语体系。

**2. 构建有中国特色的道德话语体系。**自信与话语紧密相关，自信是在一定的话语背景下形成的。话语的背后是话语权，每一个话语体系都暗含着话语权力的分配。不同的话语体系有着不一样的评判标准，在他人设置好的话语体系下，不管自己如何努力，都难以获得话语优势，自然也就难以产生自信。在道德自信的培育过程中，建立中国特色的道德话语体系，才能把契合中国实际的道德价值确立为道德评价的标准，从而形成自我认同、自我肯定的舆论氛围，为道德自信的形成提供适宜的土壤。一是强化道德价值话语。道德价值是一个国家与民族的“根”和“魂”，它既是一个国家发展的精神志气与文化锐气，又是一个民族振兴的思想骨气与智慧底气。当前国人道德不自信的一个重要原因就在于西方强势推广“普世价值”，把其宣扬的“自由、平等、人权、民主”等价值观作为全世界道德评价的标准，操控着全球道德评价的话语权，动辄把不符合西方国家利益的其他国家宣布为支持恐怖主义国家。确立道德自信，需要在道德价值话语上，努力培育和践行社会主义核心价值观，同时大力弘扬“和平、发展、公平、正义、民主、自由”等全人类共同价值，构建人类命运共同体。二是强化道德智慧话语。几千年来，中华民族以“道”为核心，形成了自强不息、脚踏实地、厚德载物的道德智慧，既以豁达、宽广的胸怀拥抱梦想，又坚持不懈、砥砺前行地追求梦想，为中华民族留下了一系列敢想敢干、持之以恒地追求梦想的智慧话语。在新的历史条件下，需要进一步强化道德智慧话语，让国人时刻感受到中华民族道德文化的智慧，从而坚定道德自信。三是强化道德情感话语。情感是人们依据自身实际，衡量客观事物满足自身主观需求的程度而产生的道德感和价值感。中华民族的道德情感语话集中体现于家国情怀。中国人的家国情怀是对自身民族的信仰和伟大祖国的认同，是一种将对家人的关爱之情延伸至故乡和祖国，将家庭伦理融入国家的情感，蕴含移孝作忠、爱民如子、天下情怀等方面的话语智慧。强化道德情感话语，有助于抑制社会的道德冷漠，坚定人们的道德自信。四是强化道德责任话语。在风险社会中，责任伦理需要被重新认识和重视。在道德行为中，“人们服从责任，实际上是服从理性，是服从自己”①。强化道德责任话语，让每个人都意识到自身该承担的道德责任，有助于夯实道德自信的内在信念。

### （三）完善道德交流体系

公民道德自信是各国和民族之间道德交流的结果。随着中华人民共和国的成立，特别是抗美援朝取得胜利后，中国的国际地位发生了翻天覆地的变化。中国人在社会主义建设中斗志昂扬，社会风清气正，在道德上也逐渐恢复了自信。但是，中国社会在改革开放前相对封闭，在国外学习和工作的人员相对较少，中外道德领域的交流不够深入，当时的道德自信带有封闭性的特点。改革开放后，中国人的出国比例大幅度提升，中华民族在较短的时间内融入了国际社会。但是，中西方文化的碰撞也让道德交流一度呈现非理性的状态。西方价值观的强势地位让一些中国人在对外交往中失去了道德自信，道德交流时陷入了自卑的心境。培养理性平和的心态是自信自强的心理基础，在道德交流过程中，既要全面地认识当代中国人在道德建设上的成绩和不足，也要客观地看待其他国家在道德建设上的优势和不足。

**1. 在各国道德文化交流比较中增强道德自信。**自信是主体内心成熟并相信能够应对外部挑战的一种积极心态。道德自信是在比较中生成的，单独的个体无所谓自信问题。在对外交流领域，从个体层面而言，道德自信

---

① 姚新中：《道德活动论》，中国人民大学出版社 1990 年版，第 67 页。

是公民相信自己在道德修养方面不比外国公民差，是对自己道德水平的一种确信；从国家和民族层面而言，道德自信是绝大多数民众相信本国道德文化的先进性，是对本国道德文化的一种坚守。随着世界步入“地球村”时代，各国民众相互交流越来越频繁。在各国道德文化的交流比较中增强道德自信需要把握交流的立场、原则和方法。一是坚守道德文化交流比较的立场。社会主义道德建设坚持以为人民服务为中心，始终强调站在人民大众的立场评价道德现象和道德文化。资本主义道德维护资产阶级利益，其鼓吹的平等与自由都是形式上的平等与自由。二是明晰道德文化交流比较的原则。各个国家的道德文化有差异，但是各种道德文化均应平等交流，平等和尊重是世界各国进行道德文化交流的基本原则。评价一种道德文化是否先进，主要是看是否有利于当地生产力的发展，是否有利于当地人民群众利益的维护。三是把握道德文化交流的方法。道德文化交流过程中，需要尊重世界各个国家和地区的文明，辩证地看待各国道德文化的优劣，客观地分析各国的道德现象，合理地吸收其他国家的先进道德文化，坚决抵制其他国家落后道德文化的侵袭。开展道德文化交流，要反对“民族道德文化虚无论”和“民族道德文化中心论”，理解和尊重各民族道德文化，始终相信中国道德文化的科学性、合理性和先进性，从而增进道德自信。

**2. 在人类命运共同体构建中彰显道德自信。**当今世界面临着众多的挑战和不安定的因素，其中价值观念的冲突是影响世界各国人民和谐相处的重要原因。世界各国开展道德文化交流，最关键的目标就是要达成一定程度的道德价值共识。党的十八大以来，习近平总书记大力倡导和平、发展、公平、正义、民主、自由的全人类共同价值，积极构建人类命运共同体。倡导全人类共同价值、构建人类命运共同体，是中国共产党和中国人民主动承担对世界发展的道德责任的体现，本身就是道德自信的体现。正是基于对中国道德文化、道德现状和道德未来的自信，中国人民愿意为世界的和平与发展贡献力量，为解决全球共同的挑战提供中国方案，为促进全球的共同繁荣承担自身的责任。在百年未有之大变局的背景下，人类命运共同体的构建并非一蹴而就，需要世界各国人民深入开展道德文化交流，强化对全人类共同价值的认同，形成全球性的道德价值共识。在人类命运共同体的构建中，中国人民主动作为，通过讲好中国故事、传播中国好声音，扩大中国道德文化的影响，强化中华民族在道德文化交流中的话语权，并与道德自信的提升形成良性的互动。

## 三 构建道德自信培育的力量系统

强化道德自信培育的力量系统，激发内在动力，增强道德活力，提升道德能力，才能建立道德自信培育的长效机制。培育公民道德自信需要形成合力，其力量系统主要由三个方面构成。

### （一）道德动力系统

培育道德自信不仅是国家发展和社会进步的需要，也是个人健康成长的需要。培育道德自信不是强加给个人的外在义务，而是个人实现自我发展的内在要求。道德上的自觉和自信是个人道德心理发展成熟的标志之一，道德自信从深层次而言，是一种自我力量的觉醒，是一种对自身的信任，也是一种自我的担当。

第一，激发全体人民的道德原动力。道德作为一种实践理性，道德自信是人的主体性的展现。人类社会形成后，面临一个无法回避的总问题，那就是资源的稀缺性。现有的资源相对于人类社会全体成员生存和发展所需要的资源而言，永远是不足的。争夺生存资源由此也成为人类社会的常态，这也是个体人生痛苦的物质根源。缓解资源稀缺性的矛盾有两条主要的路径，一是发展生产力，扩大物质资料的供给，为人们提供更多的生存资源，同时尽可能公平地分配好物质资源，保障每个个体的生存需要，即在做大蛋糕的基础上分好蛋糕。二是提升人们的德性来抑制人类自身的欲望，让个体的需要控制在适度的范围内，从而缓和资源稀缺性的矛盾。面对恶劣的生存环境，为了自身的生存和繁衍，人类社会从形成之日起，就产生了合理分配食物等物质资源的诉求，这种诉求是人类自身发展的内在要求，是一种实践理性的表现，并逐渐演变为社会的道德规范。千百年来，人们仰慕品德高尚之人，道德的力量早已深入人心。人类社会在善与恶的统一与对立之中，通过对善的追求来抑制恶的扩张，把德性作为生存和发展的依凭。人无德不立，国无德不兴。道德是根植于人类自身需要的原动力，只要把这种原动力激发出来，人们将不再视道德为外在的约束，也将自然而然地形成对道德的信赖与肯定。

第二，激发合理利益结构催生的道德驱动力。道德以利益为基础，合理的利益结构为公民道德自信建设提供了坚实的条件。人既有物质需要，也有精神需要，是物质属性和精神属性的统一体。道德与利益的关系是伦理学的基本问题，离开利益空谈道德从长远来看是无益的。道德的存在理由之一就是通过道德的约束有助于社会形成合理的利益结构，进而保障社会全体成员的生存空间。社会合理的利益结构能让大多数人体面地生活，最大限度地保证人的尊严，进而让人感受到精神上的满足，提升人们的幸福指数。社会利益结构是否合理的判断标准往往是这个社会大多数成员接受的道德评价标准。合理的利益结构是在一定的道德评价标准的指导下建立的，合理的利益结构形成后又会激发人们遵守和维护社会道德的内在驱动力。因为在这种情况下，遵守道德规范就意味着社会成员之间合理的利益关系能够得到维系，人们的美好生活也将得以持续。基本道德与利益良性互动下，人们对于道德是信任的，对道德现状是满意的，对道德未来是充满信心的。社会主义道德之所以比资本主义道德先进，一个非常重要的原因就在于社会主义道德的目的就是建立和维护合理的利益结构，进而实现社会的公平正义。社会利益结构的公平正义有助于提升人们的获得感和幸福感，强化人们追求美好生活的积极性、主动性和创造性，让人们发自内心地认同调整社会利益和社会关系的道德规则，从而增强人们对道德未来的信心。

第三，激发先进模范的道德促动力。习近平总书记强调：“道德模范是社会道德建设的重要旗帜，要深入开展学习宣传道德模范活动，弘扬真善美，传播正能量，激励人民群众崇德向善、见贤思齐，鼓励全社会积善成德、明德惟馨，为实现中华民族伟大复兴的中国梦凝聚起强大的精神力量和有力的道德支撑。"[①] 以道德榜样为楷模，可以时刻激励人们砥砺前行。人的自信心来源于自己的目标有实现的可能性，当发现自己在不断地接近人生的目标时，人的自信心将油然而生。当人们在道德人格上立志时，往往是以先进模范为榜样的。在道德模范的感召下，人们以道德模范为标杆，通过学习道德模范的言行，能促动人们内心的道德力量，并在道德践履中不断完善自己的人格。通过学习道德模范，人们认识到道德模范不仅就在我们身边，而且我们每个人都有可能"成圣成贤"，对道德的信任和崇尚之情将不断得到夯实。当社会大多数成员都相信道德的力量，自觉维护道德的崇高性时，一个国家和民族的道德自信也就形成了。

### （二）道德活力系统

道德活力体现为道德作为社会调节手段在促进个体完善和社会发展方面呈现的活跃状态。一个社会的道德有活力，通过讲道德能够解决现实生活中的冲突，人们才会对道德有信心。

从个体层面来看，道德是引导人们向上向善的重要力量，这种力量越得到彰显，人们对道德将越有自信。道德对个体的影响力，取决于多重因素。首先是看人们是否有较清晰的善恶辨别能力，能否清楚地区分什么是善、什么是恶。明辨善恶是道德有活力的前提，如果善恶不分、是非不辨，道德也就无法对个体的行为产生积极的影响。其次是看人们对于德福一致的笃信程度，如果人们相信"善有善报、恶有恶报""有德者有福、无德者无福"，社会道德将对个体产生巨大的引导力量。相反，如果一个社会善良者经常遭受不公正的待遇，而为恶者却能过上有福的生活时，人们将视道德为负担，弃之如敝屣，道德的影响力将不断式微而失去活力。一个社会的道德越有活力，人们将越加珍视道德、崇尚道德，从而不断增强道德自信。

从社会层面来看，道德主要依靠良心机制和社会舆论来发挥调节作用，道德规范在整个社会规范体系中的地位体现了整个社会的自律和自信

① 《习近平谈治国理政》第一卷，外文出版社 2018 年版，第 158 页。

程度。道德在社会发展过程中有没有活力，能否发挥其功能，可以从社会舆论中予以辨别。如果社会大众“笑贫不笑娼”“荣辱不分”“以丑为美”，一方面说明良心机制基本失效，另一方面也说明社会舆论失去了监督功能。社会舆论往往是一个社会道德底线的反映，社会舆论不能引导人们向善而行，人们则极有可能对恶行视而不见，社会的道德底线将不断被突破。相反，社会舆论如果能够坚守道德规范，时刻讨伐恶行，就将形成强大的舆论压力，从而维护整个社会的道德风尚。激发道德的活力，就是要充分发挥良心机制和社会舆论的力量，让道德在自律机制与他律机制的统一中发挥规范和引导作用。道德在社会生活中越有活力，影响力也就越大，整个社会的道德自信也将得到提升。

### （三）道德能力系统

道德自信是立基于主体的道德能力之上的，增强道德自信需要提升主体的道德能力。公民的道德能力系统主要包括道德修养能力、道德选择能力和道德评价能力。通过提升公民的道德能力，让道德融入民众日常生活，最大限度地发挥道德的功能和作用，提升民众道德生活的满意度，从而强化道德自信。

第一，提升公民的道德修养能力。道德自觉是道德自信的前提，道德自信本身就是道德修养到一定境界的体现。提高道德修养能力，能让公民以理性、平和、客观的心态看待社会道德现象，做到“不以物喜，不以己悲”，减少道德绑架现象，防止现代社会的道德泛化。中国传统社会是伦理本位的社会，儒释道三家均重视提升个人的修养，把塑造理想人格作为人生的追求。传统社会道德修养的理论和方法对当代中国道德建设具有重要的启示，提升民众的道德修养能力可以坚定民众的道德信仰，提升民众的道德自信。

第二，提升公民的道德选择能力。现代社会是多元社会，价值冲突已成为社会常态。道德选择是道德生活中的常见现象，能否做出正确的道德选择是个体道德能力高低的重要体现。由于生存资源的稀缺性和个人需要的多元化，美好道德价值的实现过程中不可避免地存在选择的困境。自由和平等的冲突、公平与效率的矛盾是人类社会长期以来难以解决的难题。所有美好的德性都需要保持其合理的“度”，“过”与“不及”都有违道德的要求。根据具体的情境，在两难中进行正确的道德选择，人们才能实现美好的生活。只有增强道德选择能力，才能做到弃恶从善，去小善而从大善，从而在道德的选择中不断强化对社会主流道德的信心。

第三，提升公民的道德评价能力。道德评价是根据一定的道德判断标准评判道德事件的活动。道德评价是个体道德能力的综合运用过程，只有提升民众的道德评价能力，才能形成良性的道德舆论，才能发挥道德的他律功能。通过作出善与恶的评价、道德行为与非道德行为的判断，并将这种评价和判断在公开场合予以表达和传播，才能形成舆论的力量。道德舆论对个体可以发挥引导和告诫作用，让占主导地位的道德体系深入人心。提升民众的道德评价能力关键是要正确把握评价的标准。“社会主义核心价值观是文化软实力的关键，没有社会主义核心价值观，文化建设就失去了魂，失去了方向和引领。”[①] 在当代中国的道德评价中应坚持以社会主义核心价值观作为评价标准，全面把握社会主义道德的核心和原则，增强社会主义道德的统领力和凝聚力，从而强化公民的道德自信。

## 四　完善道德自信培育的实践机制

道德作为一种实践精神，道德的实际作用如何直接影响着人们对于本民族道德的信心。国内有学者把道德的实际作用和调控能力称为道德力。道德力强，道德自信就有牢固的根本；道德力弱，道德自信就难以形成。道德力作用于社会生活的方方面面，包括政治、经济、文化、社会和生态等各个领域。“社会生活在本质上是实践的。凡是把理论诱入神秘主义的神秘东西，都能在人的实践中以及对这种实践的理解中得到合理的解决。”[②] 道德自信是在道德生活的实践中形成的，需要完善培育公民道德自

① 郭建宁：《价值观自信是文化自信的灵魂》，《中国教育报》2017年8月4日第3版。

② 《马克思恩格斯文集》第1卷，人民出版社2009年版，第505—506页。

信的实践机制。

### （一）道德利益的贯通机制

一个民族道德自信的形成是以整个社会合理的利益关系为基础的。马克思说过："'思想'一旦离开'利益'，就一定会使自己出丑。"[①] 马克思恩格斯指出："各个人过去和现在始终是从自己出发的。"[②] 利益也是道德自信建设的动力，离开利益去谈民众道德自信建设，无疑是水中捞月。邓小平同志曾经指出："不重视物质利益，对少数先进分子可以，对广大群众不行，一段时间可以，长期不行。""如果只讲牺牲精神，不讲物质利益，那就是唯心论。"[③] 道德自信作为一种心理认知，也是由利益决定的。社会合理的利益关系有助于道德自信的培育。整个社会形成合理的利益关系，才能扩大社会共同利益，更好地满足社会个体成员的需要，促进社会的公平正义，从而对社会道德体系产生依赖和尊重。利益格局不合理、分配不公是公民道德自信建设的重大障碍。古语说，"不患寡而患不均"。经济发展过程中的分配不公对社会之危害甚至会超过经济停滞不前之危害。公正的意义在一定程度上是通过不公正的后果表现出来的。不公正的直接结果是破坏了分配对象的利益和幸福，它不仅使当事人在利益上蒙受损失，而且伤害了当事人的尊严，使其产生心理上的不平衡。同时，不公正的行为还会使所有的旁观者产生不安全感，担忧这种不公正随时可能降临到自己的头上。如果有人能从社会不公正中得利，会刺激其他社会成员效仿，社会的道德底线在不公正行为的屡次冲击下会彻底崩溃。不公正的行为如果不能被有效扼制，整个社会就会产生一种严重的敌对情绪，进而引发社会的动荡和混乱。[④] 当前中国应坚持以人民为中心，大力发展民生，积极推进基本公共服务均等化，加大收入分配调节力度，坚定不移地走共同富裕道路，努力使全体人民学有所教、劳有所得、病有所医、老有所

---

① 《马克思恩格斯文集》第1卷，人民出版社2009年版，第286页。

② 《马克思恩格斯选集》第1卷，人民出版社2012年版，第215页。

③ 《邓小平文选》第二卷，人民出版社1994年版，第146页。

④ 参见蒋正明《关于分配公正的道德思考》，《齐鲁学刊》2006年第3期。

养、住有所居，真正做到发展为了人民、发展依靠人民、发展成果由人民共享。只有形成合理的社会利益关系，才能扩大社会共同利益，满足社会个体成员的需要，促进社会的公平正义。当整个社会的利益分配严重失衡，个人的合理利益没有得到保护、正当需求没有得到满足时，道德也将失去凝聚力和约束力。道德自信只有在利益关系相对合理、相对公平的社会环境中才能形成。

### （二）道德信仰的导引机制

信仰可以看作全人类所具有的普遍特征。在一个充满变化的世界里，如何满足人的精神需求，让人找到一种相对确定的精神寄托，是人类必须面临和解决的问题。信仰是人类社会在发展过程中，整合人们对于人类自身和外在世界的所有知识，抽象出的最具确定性的本原性认知。人类有史以来，最具代表性的信仰是宗教信仰和道德信仰。中西方文化在信仰领域具有重要区别，西方社会是宗教本位的社会，宗教信仰在西方信仰体系中具有主导性；中国传统社会是伦理本位的社会，道德信仰是中国信仰体系的内核。对中国社会和中华民族而言，道德信仰是一个根本意义上的精神基础问题。道德信仰是人们安身立命的精神源泉，也是一个民族生存的发展的文化符号。重塑道德信仰的关键在于确立人类生活的终极关怀。人文精神关怀能让脱离社会根基、浮躁游移的人格心态有所依归，使“自我”茫然无措的行为找到可能的参照。道德信仰是对道德体系的一种坚信，深信按道德体系的要求做一个有道德的人是实现人生幸福的保证，对社会道德要求的真理性深信不疑。在道德信仰的引领下，人们对于自己的道德生活是自信的，对本民族的道德发展也充满信心。相反，一旦道德信仰崩塌，人们原先认为天经地义、理所当然的事情就会受到各种质疑，人们进而怀疑指导自身行为的道德规范的正确性，道德自信将瓦解，社会的道德生活也将变得混乱。一个缺乏道德信仰的社会，将失去对道德的虔诚之心和信任之源，难有道德自信可言。一些人受资本主义拜金主义、享乐主义的影响，精神生活已变得极其低俗和空虚。如何激发人们内心的道德情感，重塑人们的道德信仰，破解道德生活的现实难题，成为摆在国人面前的严峻考验。面对后现代主义思潮的泛滥，道德相对主义和泛道德主义都对道德自信的提升构成了障碍。道德相对主义严重损害了道德的统一性、权威性和神圣性，使得人们内心的美德追求支离破碎，芸芸众生随波逐流，道德冷漠弥漫在社会的各个角落。泛道德主义试图恢复道德的一统天下，常以道德的“教师爷”身份自居，然而其忽视了在现代化的历史潮流中，道德的领地正在缩小，道德教条与现实经济生活的严重脱节，使得人们的道德信仰越来越变得如无根之木，最终难以抚慰人们的内心世界。坚信“两个必然”，坚定“四个自信”，筑牢马克思主义信仰，能让脱离社会根基、浮躁游移的人格心态有所依归，使“自我”茫然无措的行为找到有力的参照，增强人们道德上的自律性，产生道德上的自动力，提升人们道德生活上的幸福感、荣誉感。道德信仰如果成了个人的精神需要，这种崇高的信仰将内化为个人一切幸福感、荣誉感、自尊自爱的源泉，随着血液循环而在体内流淌、沸腾、提纯、凝结为个体性的主动追求。遵守道德将会让人感受到快乐，即使遵守道德会让自己失去一些物质利益。当一个民族的大部分人都有了这种道德追求后，道德自信自然而然也就形成了。

### （三）道德体系的认同机制

认同社会占主导地位的道德体系，既是道德自信的外在表现，也是强化道德自信的内在要求。一是发挥道德原则的整合力。道德原则是道德信仰的内在要求，也是道德规范的统领，在道德体系中具有重要的地位。由于利益的冲突和不同的文化背景，道德主体容易从各自利益出发，形成不同的道德原则。道德原则的矛盾和冲突在道德生活中是一种常态，现代社会影响最大的道德原则有集体主义道德原则和个人主义道德原则。为了解决社会的主要矛盾，维护绝大多数人的利益，社会需要形成一种占主导地位的道德原则，这种占主导地位的道德原则往往是人们在道德领域的最大“公约数”，成为一种社会共识。在占主导地位的道德原则的整合下，人们的道德观念容易趋于一致，能够建构起科学的道德规范体系，也利于发挥道德舆论的监督力量。如果一个社会的道德原则没有整合能力，每个人都从自己的道德原则出发，社会上的道德观念必然混乱，其表现就是荣辱不分，出现各种以荣为耻或以耻为荣的现象。二是增强道德规范的约束力。道德规范是指导人们日常行为的准则，道德规范在社会生活中能否发挥约束作用是道德力强弱的直接体现。在日常生活中，以道德原则为核心构建起来的道德规范体系应该对人们的行为形成普遍的约束力。道德规范的约束力既体现为自律，也体现为他律。自律是一种自我的约束，出于对道德规范的认同和信仰，人们内心会形成对道德的敬畏，并约束自己的行为符合道德规范的要求，使人们在道德的自律中提升个人的道德修养。他律是一种外在的约束，人们出于对败德行为不利后果的害怕和恐惧，从而不敢违反道德规范的要求。道德规范是指引人们生活的最重要的行为规范，一旦道德规范失去约束力，则往往意味着整个社会处于道德失范状态。三是强化道德舆论的监督力。道德在社会生活中能够发挥多大的作用，一个重要的评判标准就是能否发挥道德舆论的监督力量。道德舆论以社会成员一定程度的道德共识为基础，当社会绝大多数成员接受和认可了相应时代的道德规范后，一旦出现失德行为，就会受到舆论的谴责。这种谴责对失德行为人而言，是一种社会的否定性评价，把失德行为人置于社会大众的对立面，将对失德行为人造成一定程度的心理压力和交往障碍。道德舆论的监督力越强，说明道德在社会生活中的影响力越大。如果一个社会对各种败德行为漠然处之，道德冷漠充斥着整个社会，则说明道德本身的影响力在式微。道德舆论的监督力的大小，也与社会关系的结构紧密相关。一般来说，在陌生人社会，道德舆论的监督力量较小，而在熟人社会，道德舆论的约束力非常强大。随着网络社会的发展，特别是随着自媒体时代的到来，人人手里都有了“麦克风”，都可以在网络发声，道德舆论监督的力量也得到增强，这对于强化社会的道德共识和增强人们的道德自信提供了难得的机遇。

### （四）德福一致的激励机制

德福，即道德与幸福，乃中国传统伦理文化中的一对重要范畴。道德与幸福的关系问题，是自古以来人们就十分关注的问题。所谓德福一致，就是有德行的人，有道德的人会得到好的生活和境遇；道德败坏的人，会遭受不幸。中国传统文化向来宣扬“善有善报，恶有恶报”。在亚里士多德那里，幸福是合乎德性的实现活动；而在康德那里，德性是配享幸福的资格。然而，在现实生活中经常看到有道德、有德行的人生活穷困潦倒，品行败坏之人却飞黄腾达，这就是“德福矛盾”。在道德建设过程中，强化“德福一致”，有助于提升整个社会的道德自信。一个社会做到了德福一致，才能发挥道德的激励作用，促使人们对道德产生亲近感、认同感、信任感，从而提升道德自信。“德福一致”作为一种机制，是社会道德建设的内在要求。道德不作为终极目标，但可以是关于人如何获得（包括物质生活在内的）幸福的一种智慧生活方式。对于人的自由全面发展而言，道德是一种手段。人们对于这种手段的取舍最根本的标准就在于能否满足人的需要。当代社会幸福的衡量标准因人而异，但不管是何标准，幸福强调的都是个人的一种满足感。这种满足感可以来自物质上的满足，也可以来自精神上的满足。这就要求整个社会对有德之人在物质上给予更多的发展机会，在精神上给予更多的尊重。而如果社会上无德之人能够得到更多的物质利益，在社会上有更高的地位，并且这成为一种常态的话，人们对道德的信仰就会崩溃。有德之人不但不能得到尊重，还会受到众人的嘲弄，道德就会成为可有可无的东西，也就失去了激励和调节作用。德福一致是道德体系能够得到民众认可的内在机理，如果德福不一致，甚至二者严重冲突的话，道德要求就会成为一种外在的说教，难以深入民众内心。追求德福一致要妥善处理个体幸福与群体幸福的关系，防止集体与个人的关系陷入困境。妥善处理个体幸福与群体幸福的关系，实质是要妥善处理好个人利益与集体利益的关系，道德规范应协调好个人利益与集体利益的冲突，并指导个人通过自己的德行实现个人幸福和集体幸福的统一。

### （五）个体道德的提升机制

整个社会道德自信的提升归根结底还是要提高每个个体的道德水平。美国著名的伦理学家麦金太尔强调，唯有具备正义美德的人，才有可能真正了解如何在社会生活实践中去运用道德规则。[①] 源自个体的道德努力格外珍贵，因为这是整个民族道德自信的源头活水。个体道德的内在结构包括道德认知、道德感情、道德意志和道德自律，个体品德的养成就是要提高人的道德认知，培养人的道德感情，锤炼人的道德意志，强化人的道德自律。一是“疆学而求”，提高道德认知。能够理解道德的内容和意义是品德养成的基础。人是社会性动物，人要生存和发展，就不可避免地要和他人交往。具备一定的道德认知能力，是个人容身于社会的需要。在现代社会，提高个人的道德认知就是要发挥教育的作用，通过学校教育、家庭教育和职业教育讲授道德知识，提高人们的道德认知能力。对个人而言，就是要不断地努力学习，通过学习将社会的道德要求内化为个人的道德意识，从而提高道德认知能力。在中国社会，个人品德养成一向重视“疆学而求”。“疆学而求”，即个人通过坚持不懈的努力学习，提高对道德的认知，而达到个人品德养成之目的。二是“志存高远”，培养道德感情。道德感情即人们对具体行为的善恶判断和情感偏向。人们形成是非、善恶的判断能力是一个内化的过程。个人一旦形成强烈的道德感情，道德感情会支配、驱使他积极行善；即使一时做了违背道德要求之举，内心也会感到羞愧懊悔，而努力改过自新。培养个人道德感情的基本方法就是人格立志，而且应立大志，做到“志存高远”。人的志向越远大，对自己的激励作用就越大。三是“积善不息”，锤炼道德意志。在品德养成过程中，内化与外化是辩证统一的，即我们通常所说的“内化于心，外化于行”。提高道德认知、培养道德感情，均是社会道德规范要求的内化。内化的目的是外化，关键是要锤炼道德意志，形成品德习惯。锤炼个人道德意志的基本方法就是“积善不息”。个人品德的养成不是一蹴而就的，而需要经历一个长期不懈的积累过程。“积善不息”就是要求人们在日常生活中与人为善，经日积月累而形成高尚的品德。四是“省察克治”，强化道德自律。“省察”，就是通过反省检查以发现和找出自己思想和行为中的不道德倾向、想法、毛病和习惯；“克治”，就是克服和整治，去掉所发现的那些不

---

① 参见余仕麟《伦理学要义》，四川出版集团、巴蜀书社 2010 年版，第 24 页。

道德倾向、想法、毛病和习惯。“省察克治”，就是时时刻刻反省检查自己的思想言行是否符合道德要求，找出不足之处，并予以改正克服，以提高自己的品德修养。“彊学而求”“志存高远”“积善不息”和“省察克治”紧密联系，内在统一。

### （六）道德榜样的示范机制

“精神的力量是无穷的，道德的力量也是无穷的。”道德的力量很大程度上是靠道德榜样的引领发挥作用的，传承和弘扬革命道德离不开道德榜样的引领作用。革命道德榜样是社会上践行革命道德涌现出来的，符合革命道德价值导向的典型人物、典型集体或典型事件。革命道德榜样是革命道德原则和革命道德规范的具体化和现实表现，是革命道德理想的实践形态。作为对社会大众进行道德价值引导和道德教育的重要手段，革命道德榜样对中国社会生活的巩固，对社会道德发展和人们道德觉悟的提高，都具有积极的促进作用。道德榜样可以向社会传递正能量，使人们受到启发和鼓舞，在道德行为上做出更加积极的改变。道德榜样以自身行动和言语鼓励和激发人们的社会责任感和参与感。道德榜样是一个社会的道德标杆，发挥道德典范、道德榜样的引领和示范作用是提高公民道德水平的有效途径。

**1. 宣传道德模范。**品德高尚的楷模身上集中而又具体地体现出一定社会、一定阶级的道德准则，值得人们钦佩和效法。在我国，像为国捐躯的英雄、公而忘私的模范等优秀人物，都可以说是高尚道德准则的化身、品格完美的典范、值得学习的楷模。由于道德榜样富有直观性、感染性和现实性，易于激起人们敬仰的情感和模仿的愿望，故运用道德榜样教育民众，是培养民众优良品德的有效措施之一。近年来，道德模范、感动人物、最美人物等的评选、宣传产生了良好的社会效应，带来了满满的正能量。宣传道德模范的方式很多，需要根据目标受众和宣传内容选择合适的渠道。既要发挥传统媒体的作用，也要重视新兴媒体的作用，实现立体化的宣传。许多道德模范的故事富有感染力，可以通过宣传故事吸引更多人的关注和认同，甚至激励人们效仿。线下活动是宣传道德模范的有效方式之一，可以举办颁奖典礼、道德讲座、社区义工活动等，让更多人了解道德模范的事迹和精神，提高他们的道德意识。通过学校、社区、家庭等渠道开展教育引导活动，让更多的人了解道德模范的重要性和价值，培养人们正确的道德观念和行为习惯。通过宣传道德模范，“描绘我们这个时代的精神图谱，为时代画像、为时代立传、为时代明德”①，在全社会形成崇德向善、见贤思齐、德行天下的浓厚氛围，努力把道德模范的榜样力量转化为亿万群众的生动实践。

**2. 学习道德模范**。道德榜样践行社会的先进道德要求，做出符合道德规范和社会价值观的行为，以此成为他人的学习对象。全国道德模范体现了热爱祖国、奉献人民的家国情怀，自强不息、砥砺前行的奋斗精神，积极进取、崇德向善的高尚情操，是新时代全国人民学习的榜样。人有学习和模仿的天性，树立正确的学习榜样是引领社会风气的关键。发挥道德榜样的引领作用，就是要引导民众学习道德模范、崇尚道德模范、争当道德模范，积极参与道德建设。习近平总书记在参加党支部专题组织生活会上说：“榜样是谁呢？张思德、白求恩、焦裕禄、麦贤得，有历史的楷模，也有时代的楷模。这些人都是在普通的岗位上，但他们有一颗金子般发光的心，我希望同志们的参照系就是这些楷模。”② 道德榜样在幼儿品德形成中尤其起着非常重要的作用。因为儿童的思维以形象思维为特点，而榜样是具体形象的，有强大的说服力和感染力。儿童好模仿，所以，生动的榜样、活生生的范例比抽象的语言更易使儿童信服，对他们产生最直接、最深刻的影响。道德实践的第一步是从我做起、从现在做起、从身边小事做起，学会自尊、懂得自爱，树立“为人民服务”的道德观。通过学习道德榜样，强化人们的善恶观念，让社会主义核心价值观深入人心，提升人们明辨是非的能力，坚定人们崇德向善的信念，进而提升全民族的道德自信。

---

① 《习近平谈治国理政》第三卷，外文出版社 2020 年版，第 323 页。

② 《习近平谈治国理政》第二卷，外文出版社 2017 年版，第 193 页。

# 参考文献

## 一　经典著作

《马克思恩格斯文集》第 1 卷，人民出版社 2009 年版。
《马克思恩格斯文集》第 2 卷，人民出版社 2009 年版。
《马克思恩格斯文集》第 3 卷，人民出版社 2009 年版。
《马克思恩格斯文集》第 4 卷，人民出版社 2009 年版。
《马克思恩格斯文集》第 9 卷，人民出版社 2009 年版。
《马克思恩格斯文集》第 10 卷，人民出版社 2009 年版。
《毛泽东选集》第一卷，人民出版社 1991 年版。
《毛泽东选集》第二卷，人民出版社 1991 年版。
《毛泽东选集》第三卷，人民出版社 1991 年版。
《毛泽东选集》第四卷，人民出版社 1991 年版。
《毛泽东早期文稿》，湖南人民出版社 2008 年版。
《刘少奇选集》上卷，人民出出版社 1981 年版。
《刘少奇选集》下卷，人民出出版社 1985 年版。
《邓小平文选》第一卷，人民出版社 1994 年版。
《邓小平文选》第二卷，人民出版社 1994 年版。
《邓小平文选》第三卷，人民出版社 1993 年版。
《习近平谈治国理政》第一卷，外文出版社 2018 年版。
《习近平谈治国理政》第二卷，外文出版社 2017 年版。
《习近平谈治国理政》第三卷，外文出版社 2020 年版。
《习近平谈治国理政》第四卷，外文出版社 2022 年版。

《习近平著作选读》第一卷，人民出版社 2023 年版。
《习近平著作选读》第二卷，人民出版社 2023 年版。

## 二 中文著作

安启念：《马克思恩格斯伦理思想研究》，武汉大学出版社 2010 年版。
蔡志良等：《道德能力论》，中国社会科学出版社 2008 年版。
蔡元培：《中国伦理学史》，团结出版社 2007 年版。
曹刚：《道德难题与程序正义》，北京大学出版社 2011 年版。
陈寿灿等：《社会主义宪政的伦理价值研究》，金城出版社 2011 年版。
陈燕：《公平与效率》，中国社会科学出版社 2007 年版。
陈泽环：《道德结构与伦理学》，上海人民出版社 2009 年版。
戴文礼：《公平论》，中国社会科学出版社 1997 年版。
甘绍平：《人权伦理学》，中国发展出版社 2009 年版。
高兆明：《制度公正论：变革时期道德失范研究》，上海文艺出版社 2001 年版。
高兆明：《制度伦理研究：一种宪政正义的理解》，商务印书馆 2011 年版。
郭金鸿：《道德责任论》，人民出版社 2008 年版。
黄明理：《社会主义道德信仰研究》，人民出版社 2006 年版。
胡训玉：《权力伦理的理念建构》，中国人民公安大学出版社、群众出版社 2010 年版。
焦国成：《中国古代人我关系论》，中国人民大学出版社 1991 年版。
景天魁：《底线公平：和谐社会的基础》，北京师范大学出版集团 2009 年版。
寇东亮：《德性重建的自由根基：现代道德困境的人学解读》，河南人民出版社 2006 年版。
李德顺等：《道德价值论》，云南人民出版社 2005 年版。
李建华：《道德秩序》，湖南人民出版社 2008 年版。
李凡夫：《革命的世界观与道德观》，安徽人民出版社 1966 年版。
李仁武：《制度伦理研究：探寻公共道德理性的生成路径》，人民出版社

2009 年版。
李佑新：《走出现代性道德困境》，人民出版社 2006 年版。
林进平：《马克思的“正义”解读》，社会科学文献出版社 2009 年版。
刘合行：《道德评价标准论》，吉林大学出版社 2008 年版。
刘惊铎：《道德体验论》，人民教育出版社 2003 年版。
罗国杰主编：《伦理学》，人民出版社 1989 年版。
罗国杰总主编：《中国革命道德》丛书，中共中央党校出版社 1999 年版。
罗国杰编著：《中国革命道德》，中国人民大学出版社 2013 年版。
倪愫襄：《制度伦理研究》，人民出版社 2008 年版。
彭柏林等：《当代中国公益伦理》，人民出版社 2010 年版。
乔法容、朱金瑞：《中国革命道德》，大象出版社 2000 年版。
桑玉成：《利益分化时代的政治》，学林出版社 2002 年版。
宋增伟：《制度公正与人的全面发展》，人民出版社 2008 年版。
陶艳华：《马克思政治伦理思想研究》，人民出版社 2009 年版。
唐能赋：《道德范畴论》，重庆出版社 1994 年版。
王敬华：《道德选择研究：以价值论为视角》，中国社会科学出版社 2008 年版。
王小锡等：《道德资本论》，人民出版社 2005 年版。
王伟光：《利益论》，中国社会科学出版社 2010 年版。
王文东：《当代中国发展语境中的正义共识研究》，人民出版社 2010 年版。
汪荣有：《经济公正论》，人民出版社 2010 年版。
汪行福：《社会公正论》，重庆出版集团 2008 年版。
吴灿新：《当代中国道德建设论纲》，中国社会科学出版社 2009 年版。
吴谨菁：《道德认识论》，社会科学文献出版社 2011 年版。
吴潜涛等：《当代中国公民道德状况调查》，人民出版社 2010 年版。
吴然：《优良道德论》，人民出版社 2007 年版。
吴忠民：《社会公正论》，山东人民出版社 2004 年版。
夏伟东：《道德本质论》，中国人民大学出版社 1991 年版。
辛鸣：《制度论——关于制度哲学的理论建构》，人民出版社 2005 年版。

杨国荣：《伦理与存在：道德哲学研究》，华东师范大学出版社 2009 年版。
姚大志：《何谓正义：当代西方政治哲学研究》，人民出版社 2007 年版。
姚新中：《道德活动论》，中国人民大学出版社 1990 年版。
余仕麟：《伦理学要义》，四川出版集团、巴蜀书社 2010 年版。
袁贵仁主编：《对人的哲学理解》，东方出版中心 2008 年版。
张岱年：《中国伦理思想研究》，江苏教育出版社 2009 年版。
张静：《转型中国：社会公正观研究》，中国人民大学出版社 2008 年版。
张锡勤等：《中国伦理道德变迁史稿》，人民出版社 2008 年版。
詹世友：《公义与公器：正义论视域中的公共伦理学》人民出版社 2006 年版。
曾广乐：《道德变迁论》，人民出版社 2010 年版。
曾钊新：《道德认知》，湖南人民出版社 2008 年版。

## 三　中文期刊

陈先达：《文化自信的本质与当代意义》，《光明日报》2018 年 1 月 8 日第 15 版。
陈占安：《“五四”以来的中国革命道德楷模研究》，《高校理论战线》2000 年第 2 期。
戴木才：《对社会主义核心价值观几个基础理论问题的思考》，《马克思主义现实》2017 年第 4 期。
杜振吉：《文化自卑、文化自负与文化自信》，《道德与文明》2011 年第 5 期。
樊浩：《“后伦理时代”的来临》，《道德与文明》2013 年第 6 期。
甘绍平：《一种超越责任原则的风险伦理》，《哲学研究》2014 年第 9 期。
高兆明：《应当重视“道德风险”研究》，《上海社会科学院学术季刊》2000 年第 2 期。
龚书铎等：《“五四”以来的中国革命道德名言研究》，《高校理论战线》2000 年第 2 期。
龚天平、李茜：《论道德自信及其自我培育》，《湖南师范大学教育科学学报》2017 年第 5 期。

黄明理：《由“公民道德”看当代中国伦理话语转换及其意义》，《道德与文明》2005 年第 2 期。
江畅：《论当代中国价值观构建》，《马克思主义与现实》2014 年第 4 期。
李彬：《社会转型期道德困境的理论表现及其启示意义》，《伦理学研究》2011 年第 3 期。
李建华：《社会主义核心价值观的提炼》，《红旗文稿》2012 年第 5 期。
李义天、邵华：《风险社会、现代性与伦理危机》，《国外理论动态》2013 年第 5 期。
廖申白、孙春晨：《转型时期的社会伦理道德问题与对策》，《哲学研究》1997 年第 5 期、第 6 期。
林茂申、赵立涛：《从革命道德到执政道德——变革时代中执政党道德的演变及展望》，《天水行政学院学报》2009 年第 1 期。
刘可风等：《“五四”以来的中国革命道德教育修养研究》，《高校理论战线》2000 年第 3 期。
刘建军：《论当代中国人文化自信的来源》，《文化软实力》2016 年第 1 期。
罗国杰：《论“五四”以来的中国革命道德》，《高校理论战线》2000 年第 1 期。
鲁洁：《道德危机：一个现代化的悖论》，《中国教育学刊》2001 年第 4 期。
秦宣：《道路自信、理论自信、制度自信的历史和现实依据》，《党建》2013 年第 1 期。
覃青必：《论道德风险及其规避思路》，《道德与文明》2013 年第 6 期。
乔法容等：《“五四”以来的中国革命道德规范研究》，《高校理论战线》2000 年第 3 期。
曲青山：《关于文化自信的几个问题》，《中共党史研究》2016 年第 9 期。
任建东、张永超：《道德自信及其三重阻碍》，《伦理学研究》2017 年第 5 期。
施国光：《市场经济的道德风险》，《浙江社会科学》1994 年第 1 期。
沈永福：《增强新时代道德自信的路径探析》，《思想理论教育导刊》2017

年第 12 期。
沈壮海：《文化自信之核是价值观自信》，《求是》2014 第 18 期。
孙春晨：《全球化时代的道德教育与文化自信》，《唐都学刊》2016 年第 1 期。
孙立平：《“道德滑坡”的社会学分析》，《中国青年政治学院学报》2001 年第 5 期。
谭德礼：《道德自觉自信与公民幸福感的提升》，《道德与文明》2013 年第 3 期。
万俊人：《信仰危机的“现代性”根源及其文化解释》，《清华大学学报》（哲学社会科学版）2001 年第 1 期。
王学俭：《新时代如何培育和践行社会主义核心价值观》，《人民论坛·学术前沿》2012 年第14 期。
王永贵：《文化自信与新时代中国特色社会主义意识形态创新》，《学海》2017 年第 6 期。
王泽应：《伦理精神自信是文化自信的核心和根本》，《道德与文明》2011 年第 5 期。
文小勇：《全球性道德危机与道德重建——麦金泰尔道德哲学意蕴》，《伦理学研究》2006 年第 3 期。
武卉昕：《“普世价值”的道德危机》，《马克思主义研究》2009 年第 10 期。
吴瑾菁：《从“革命道德”到“和谐伦理”——和谐社会的伦理诉求》，《伦理学研究》2009 年第 6 期。
夏伟东：《“五四”以来的中国革命道德理论概论》，《高校理论战线》2000 年第 1 期。
肖群忠、杨建强：《价值观与伦理自信是文化自信的核心》，《中国特色社会主义研究》2017 年第 1 期。
谢怀建：《由“革命的道德”到“建设的道德”》，《社会科学研究》2003 年第 4 期。
徐必珍：《革命道德中国伦理道德发展史上的丰碑》，《黄河科技大学学报》2000 年第 3 期。

徐稚芬:《试论我国公民道德自觉与道德自信的培养》,《湖北社会科学》2014 年第 3 期。

严书翰:《论培育和践行社会主义核心价值观》,《中共福建省委党校学报》2015 年第 2 期。

阎孟伟:《“道德危机”及其社会根源》,《道德与文明》2006 年第 2 期。

晏辉:《现代性与现代道德问题》,《上海师范大学学报》(哲学社会科学版)2010 年第 2 期。

袁初明:《马克思恩格斯的风险思想及其当代价值》,《桂海论丛》2014 年第 5 期。

于馥颖:《哈贝马斯话语伦理学视界下的道德共识》,《中国矿业大学学报》(社会科学版)2011 年第 3 期。

云杉:《文化自觉文化自信文化自强——对繁荣发展中国特色社会主义文化的思考(上、中、下)》,《红旗文稿》2010 第 15、16、17 期。

章国锋:《反思的现代化与风险社会——乌尔里希·贝克对西方现代化理论的研究》,《马克思主义与现实》2006 年第 1 期。

张博颖:《中国革命道德与当代中国国家伦理内涵的确立和发展》,《吉首大学学报》(社会科学版)2005 年第 1 期。

张成岗:《鲍曼论“后现代伦理危机”及“后现代伦理学”》,《哲学动态》2005 年第 2 期。

张怀承:《略论中国传统伦理道德近代转型的实质》,《湖南师范大学社会科学学报》1999 年第 5 期。

张瑞敏:《“以德治国”:中国革命道德的张扬》,《中南民族大学学报》(人文社会科学版)2002 年第 3 期。

张向东:《哈贝马斯商谈伦理中道德共识形成的逻辑》,《道德与文明》2009 年第 4 期。

张之沧:《“后现代”道德》,《人文杂志》2001 年第 3 期。

曾广乐:《试论道德变迁视域中的道德自信与道德信仰》,《福建农林大学学报》(哲学社会科学版)2014 年第 3 期。

郑永廷:《社会主义核心价值观主导与多样价值追求协调新常态研究》,

《社会主义核心价值观研究》2015 年第 1 期。

周战超：《当代西方风险社会理论引述》，《马克思主义与现实》2003 年第 3 期。

周中之：《后金融危机时代的伦理文化建设》，《上海师范大学学报》（哲学社会科学版）2010 年第 3 期。

朱金瑞：《试论中国革命道德的基本特征》，《高校理论战线》1999 年第 6 期。

朱金瑞、单薇：《中国革命道德的形成论纲》，《河南社会科学》2001 年第 4 期。

## 四 中译著作

［德］乌尔里希·贝克：《风险社会》，何博闻译，译林出版社 2004 年版。

［德］乌尔里希·贝克、［英］安东尼·吉登斯、［英］斯科特·拉什：《自反性现代化——现代社会秩序中的政治、传统和美学》，赵文书译，商务印书馆 2014 年版。

［德］康德：《道德形而上学原理》，苗力田译，上海人民出版社 2005 年版。

［德］鲁道夫·冯·耶林：《为权利而斗争》，郑永流译，法律出版社 2007 年版。

［德］马克斯·韦伯：《新教伦理与资本主义精神》，马奇炎、陈婧译，北京大学出版社 2012 年版。

［德］尤尔根·哈贝马斯：《作为“意识形态”的技术与科学》，李黎等译，学林出版社 2002 年版。

［德］尤尔根·哈贝马斯：《交往行为理论》，洪佩郁等译，重庆出版社 1993 年版。

［法］阿尔贝特·施韦泽：《敬畏生命——五十年来的基本论述》，陈泽环译，上海社会科学院出版社 2003 年版。

［法］卢梭：《社会契约论》，何兆武译，商务印书馆 1980 年版。

［加］查尔斯·泰勒：《现代性之隐忧》，程炼译，中央编译出版社 2001 年版。

［美］威廉·H. 布兰察德：《革命道德：关于革命者的精神分析》，戴长征

译，中央编译出版社 2004 年版。
［美］阿皮亚：《荣誉法则：道德革命是如何发生的》，苗华建译，中央编译出版社 2011 年版。
［美］富勒：《法律的道德性》，郑戈译，商务印书馆 2011 年版。
［美］弗朗西斯·福山：《历史的终结及最后之人》，黄胜强等译，中国社会科学出版社 2003 年版。
［美］约翰·罗尔斯：《政治自由主义》，万俊人译，译林出版社 2000 年版。
［美］约翰·罗尔斯：《正义论》，何怀宏等译，中国社会科学出版社 2009 年版。
［英］安东尼·吉登斯：《现代性与自我认同》，赵旭东等译，生活·读书·新知三联书店 1998 年版。
［英］安东尼·吉登斯：《现代性的后果》，田禾译，译林出版社 2011 年版。
［英］安东尼·吉登斯：《失控的世界》，周红云译，江西人民出版社 2001 年版。
［英］戴维·米勒：《社会正义原则》，应奇译，江苏人民出版社 2008 年版。
［英］金伯莉·哈钦斯：《全球伦理》，杨彩霞译，中国青年出版社 2013 年版。
［英］齐格蒙特·鲍曼：《生活在碎片之中：论后现代的道德》，郁建兴等译，学林出版社 2002 年版。
［英］齐格蒙特·鲍曼：《后现代伦理学》，张成岗译，江苏人民出版社 2003 年版。
［英］齐格蒙特·鲍曼：《后现代性及其缺憾》，郁建业等译，学林出版社 2002 年版。
［英］乔治·弗兰克尔：《道德的基础》，王雪梅译，国际文化出版公司 2007 年版。
［英］亚当·斯密：《道德情操论》，谢宗林译，中央编译出版社 2010 年版。

# 后　记

2013 年博士毕业后，转眼已十年。其间，我将个人研究聚焦于道德建设领域，2015 年出版了国家社科基金成果《道德价值共识论》，2018 年出版了国家社科基金成果《道德风险论》，2021 年出版了江西省社科基金重点项目成果《中国共产党道德传承和发展研究》。每部著作的出版都得到了众位师长、同门和朋友们的指导和关心，凝结了个人的心血和努力，也饱含家人的支持和帮助。

2021 年，荣幸获批了江西省教育科学“十四五”规划 2021 年度重点课题“新时代公民道德自信研究”（项目批准号：21ZD015），本书即该课题的最终成果。

本书的出版得到了江西师范大学马克思主义理论学科建设经费的资助，在此对江西师范大学马克思主义学院表示衷心的感谢！也要感谢中国社会科学出版社李立编辑的辛劳付出，正是因为她的努力，本书才得以出版。

2023 年 9 月于江西师范大学